「やっていいこと・悪いこと」がわかる子の育て方

プロコーチ
NLPマスタープラクティショナー　田嶋英子

いちばん大事なのは
「自分で判断する力」

青春出版社

自分で判断する力——
これが、その子の一生を
強くする力になります。

目次

序章

「やっていいこと・悪いこと」がわからない子が増えています
学校では伸ばせない「自分で判断する力」の秘密

第1章

「ダメ！」と叱らなくても、自分で判断できる力を育てる

「人に迷惑だから」「決まりだから」では、考える力を妨げる!?

第3章 子どもの判断力は「親の話し方」でガラリと変わる

言うことを聞かない・伝わらないのにはワケがある

カバーイラスト きつ まき
本文イラスト 齊藤 恵
本文デザイン 岡崎理恵
企画協力 糸井 浩

序章

「やっていいこと・悪いこと」がわからない子が増えています

学校では伸ばせない「自分で判断する力」の秘密

「やってはいけないこと」をどうやって教えていますか

お友だちを叩《たた》いた、蹴《け》った
ケガをさせた、泣かせた

公園のお花をむしったり
ゴミを散らかしたままにしたり
わざと物を壊したり

お母さんにウソをついたり
塾や習い事をさぼったり

万引き
カンニング

子どもが、そんなことをしたら、どうでしょう？
「それは、ダメだ」と冷静に教えることができるでしょうか。

きっと怒りますね。

そんなことしちゃ、ダメでしょ！
どうして、そんなことするの！
それくらい、分かるでしょ！

前に言ったでしょ！　どうして分からないの！
何度言ったら分かるの！

怒っているうちに、悲しくなるかもしれません。

そうです。その気持ち、よく分かります。
でも、そうやって怒っているだけでは、子どもに「それをしてはいけない」と教えることはできないかもしれません。

お母さんが怒っているから、謝る。
お父さんに叱られるから、しない。

それだけになってしまいがちです。
そして、また似たようなことをしでかします。
見つからないように、隠れてしてしまいます。
見つけられたら、ウソをついてごまかしてしまいます。
ごまかせなくなったら、黙ってうつむいてしまいます。
「ごめんなさいは？」と言われて機械的に謝るだけになってしまいます。
反発して言い返すかもしれません。

「お母さんだって、できてないじゃん！」

それとも、それも飲み込んでしまうかもしれません。

どうして、してはいけないか、が分からないからです。

していいか悪いかを見分けられる力がないからです。

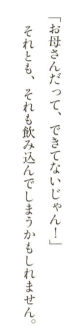

学力より大切！「自分で判断する力」は家庭で伸びる

子どもを育てる中で、「これだけは〝しつけ〟として、やっておいたほうがいい」ってこと、なんでしょう。

そう聞かれても、答えることのできるお母さんは少ないかもしれませんね。最初から、子育て全体を通してどんなふうに育てよう、と考えたりしてないのがフツウだからです。私も、最初の子どもを育てながら、「ああ、こんな感じで育っていくんだ」「ああ、これをやらないといけないんだ」と学んでいったように思います。

日常生活の、あれやこれ
離乳食からはじまる、ご飯を食べること
トイレトレーニング
お風呂やおはようやおやすみや
着替えたり靴を履いたり

出したり片づけたり
予防注射や健診、風邪を引いたり
お父さんやお母さんやきょうだいとの関わり

少し大きくなってきたら、
幼稚園や保育園のおしたく
歌を歌ったり、おゆうぎしたり
絵を描いたり、字を書いたり
お友だちと仲良くしたり、ケンカしたり
三輪車や自転車や
スイミングやキッズ英会話や体操教室

学校に行って、
時間割をそろえたり

宿題や塾や習い事
テストや偏差値や成績表
クラスやクラブや、そこで出会う
仲間や先輩や後輩や先生とのこと

そんな、子どもの成長に合わせて次々とでてくる「しなくてはいけないこと」をクリアしていく中で、見過ごされがちなのが、「**自分で判断する力をつけること**」です。

していいことと悪いこと
「正邪」を判断する、力です。

「そうなのよ、ウチの子、頭が悪いから、それができなくて」
とよく聞きます。

いえいえ、頭の良し悪しや学校の成績と関係ないんですよ。

学校の成績が良くても、判断力のない人がたくさんいます。それは、テレビのニュースを見ていれば分かりますね。むしろ頭がいいから、悪知恵が働いて大きな犯罪を起こすのかもしれません。

学校で学ぶ知識やそこで身につく学力、それを測る成績と、実際に生活をしていくうえでの「経験知」というのは必ずしも一致していません。学校で教えてくれる、と期待しすぎないほうがいいということです。

「正しい」「正しくない」という価値基準は、それぞれの人、それぞれの家庭で違っている部分が大きいのです。もちろん「それをやれば犯罪」というレベルのものは共通して教えることができますし、「学校の決まり」というものもあります。

学校によっては、あるいは先生によっては、素晴らしい教育をしてくれるかもしれません。でも、そうではないかもしれません。宝くじみたいなものですね。

ですから、「正邪の判断力」は、基本的には家庭での教育に委《ゆだ》ねられると思っていてください。お母さんが教えられるようになっておいたほうが、確実だ、ということです。

日本ではかつて、この判断力のことを、「**分別**《ふんべつ》」と言っていました。ゴミを分《ぶん》別《べつ》するんじゃないですよ、**良いか悪いかを分ける力**のことです。

子どもたちが大きくなっていって、自分で自分のことができるようになる、自分で判断できるようになる、人として必要な思いやりの気持ちが持てる、社会の中で生きていく知恵を身につける。そのことを、「**分別がついた**」と表現していたのです。

子育てのひとつのゴールと言ってもいいと思います。

短い言葉の中に、豊かな内容を含んでいる、とてもいい日本語ですが、残念ながら今ではあまり使われることがありません。代わりに指標として意識されているのが、「成績」「学歴」です。何が足りないか、少しイメージできたでしょうか。

昔との違いは、高等教育の普及です。もちろん、すべての子どもたちに教育の機会が与えられてきているのは素晴らしいことです。そのために、たくさんの先人たちが努力されてきました。

一方で学校教育には限界があることも、知っておいてください。集団で学べることと、子どもひとりひとりが個性に応じて身につけていくことと、両方があるということですね。

「良いか悪いか」を見分ける力をつける最初のステップ

さて、

「していいこと」と「悪いこと」

どんな基準で判断したらいいのでしょうか。

私たちおとなは、どうやって判断しているのでしょうか？

考えたこともないかもしれませんね。でも、どうやって判断しているかが分からないと、子どもたちに教えることはできません。

「悪いことは、悪いに決まっている」と思っているかもしれません。

でも、そうでもないのですよ。**「正邪」「善悪」というのは、相対的なものであること**が多いのです。

状況によって変わったり、よりレベルの高い価値が現れたときに、今まで正しかったことが正しくなくなったりすることはよくあります。宗教や文化の違い、時代の違いによっても、変わります。

これからの子どもたちは、世界中の人と交流したり、今まで以上に大きく早く変化する時代を生きていくことになります。

これはいいこと、これは悪いこと、と単純に覚えるだけでは通用しないことが増えているのです。

だからこそ、「判断する力」「見分ける力」を育んでいくことが、大切になっているのです。

この本では、「判断力」を育む仕組みを、最新のＮＬＰ心理学をはじめとする心理学の知識や方法を使って分かりやすくお伝えします。

それとともに、「何が正しくて、何が間違っているか」という知識ではなくて、それを判断することができるようになるためにどうしたらいいかを、具体的な事例をもとにして一緒に学んでいきましょう。

それを判断できるようになるためには、私たちの中にある、「悪いことは悪いに決まっている」という「思いこみ」（信念）を少しずつゆるませていくことが必要です。

なぜなら、**「悪いことは悪いに決まっている」という思いこみは、思考を停止させてしまうからです。**

思考が停止している、考えられない、分からない、というのは、脳が働かなくなってしまう状態です。前著『子どものグズグズがなくなる本』でもお話ししたように、脳の中に電流が流れなくなってしまっている状態ですね。

そして、「どうしたらいいのか分からない」問題の解決策は、実は私たちの「思いこみ」の枠の外にあることがほとんどです。解決策が枠の中にあるなら、すぐに見つけられますからね。

「そうか、思いこみを変えなくてはいけないんだ！」

いえいえ、そんなに力を入れて、いっぺんに変えようとしなくていいんですよ。

「いっぺんに変えなくてはならぬ」というのも、ひとつの「思いこみ」です。

この本を読み終わったときに、思考の枠がなんとなくゆるんでいる、許せることが増えている、考える幅が広がった、これが、「考える」ということなんだ！

そんな感じが望ましいですね。

テーマが「善悪」「正邪」と聞いたときから、アタマの中はすでにカチカチに固くなっています。それをゆるめるために、気楽に、楽しんで読んでください。

「危険」から身を守るために

一方で、学校でのいじめのニュースもよく聞きますね。また、地域での犯罪の

低年齢化・凶悪化も言われています。こんなかわいい子が、どうしてこんな目に、と思わされるような事件があとを絶ちません。

こんな事件を耳にすると、恐怖心や不安、疑いの心が立ち上がってきます。また、犯人に対して、そんな社会になっていることに対して、怒りが湧くこともあるでしょう。怒りのあまり、犯人だけでなく、被害者の周りにいる人や社会全体を批判し始めることもあるようです。でも、その「感情」はいったん脇へ置いてください。

怒りや恐怖や疑いといった感情は（大切なものではあるのですが）、問題を大きくしたり混乱をますます深めたりしてしまいます。恐怖にとらわれたり怒りで心をいっぱいにしては、いけません。被害妄想になってもいけません。

そして、冷静に考えるのです。問題を解決するためには、「知性」「理性」といった、考える力が必要です。この本がその「考える」手助けになればと思います。

いじめや犯罪にわが子が巻き込まれないかと心配するお母さん方も多いと思います。でも、いたずらに心配するのではなく、対策を考えましょう。

子どもたちが、加害者にならないのはもちろん、被害者にもならないように育てていきたいですよね。

冷静に、「考えて」みましょう。どうしたら、加害者にも被害者にもならずにすむのか、です。どんな力があればいいのでしょうか。どんな行動を取ればいいのでしょうか。

たとえば、悪いことをしている人と一緒に行動すれば、自分も悪いことをしてしまう（加害者）か、悪いことをされてしまう（被害者）か、どちらかです。ここでも、「いいことと悪いことを判断する力」が必要になってきます。

この本では、そんないじめや犯罪に巻き込まれないためのコツもお伝えしようと思います。子どもが自分で判断するために必要なことです。学校や職場、地域といった身近なところを、安全な場所にするために、子どもたちにぜひ身につけておいてほしいと思います。

この一冊で、状況を判断し、行動をコントロールする力がついてきます！

そして、「これは悪いことだ」と判断することができたら、その次に、「してはいけないことをしない、する前に思いとどまる」ことが必要になってきますね。「してはいけないことをしない、する前に思いとどまる」力を「**自制心**」と言います。

この自制心、どんな仕組みで行動を思いとどまらせるのでしょうか。アタマで分かっていても、なかなかやめられないのが人間です。もっと深いレベル、いわば「腑《ふ》に落ちた」レベルで理解していないと、「あ、やっちゃった」となりがちですね。

アタマと心と、身体と、それぞれが一致して「してはいけない」「しないほうがよい」と分かっているから、「やらない」という選択ができるのです。そうしようと思っていても、なかなか変化しないのが、行動というものです。

行動を変化させるためには、その仕組みを知ってうまく利用するのがいいですね。その「**心のブレーキ**」**のかけ方**、行動を変化させる仕組みもお伝えします。

私たちおとなが、子どもたちに「教えておきたい」と思っても、なかなか伝わらない、伝えるのが難しい、そんな悩みにもお答えしながら、本当に伝えてきたいことが少しでも伝わるように、いろんな角度から、少し大きくなった子どもとのコミュニケーションのコツも、お話ししていきます。

まずは私たちおとなが思いこみの枠を外し、「考える」という感覚を手に入れ、それを子どもたちにうまく伝えられれば、いいなあ、って思います。この本を手にとってくださっているあなたに、伝わるように願っています。

第1章

「ダメ！」と叱らなくても、自分で判断できる力を育てる

「人に迷惑だから」「決まりだから」では、考える力を妨げる!?

1 わがままって「いけないこと」？

「わがままはダメ！」と叱っていませんか

判断力の育て方、なのに、一番最初が「わがまま」についてのお話です。どういうこと？　って思われるかもしれません。少しおつきあいくださいね。

わがまま、って聞くと、どう感じますか？

譲らない
独り占めする

自分勝手
言い出したら聞かない
自分だけよければいい……

どちらかというと、悪いイメージがあるかもしれませんね。
「うちの子、わがままで困ってます」って、よく聞きます。
でも、子どもが育つ中で、「わがまま」というプロセスは必ずあるのです。ないと、困るのですよ。

えっ？　どういうこと？

集団生活の中で、自分の欲求を言葉で表現できない子どもがいます。
トイレに行きたい、って、先生に言えない子、多いですね。授業中だから、がまんしてます。トイレは休み時間に行かなくちゃいけないことくらい知っていますから。でも、おとなだって急にトイレに行きたくなること、ありますよね。それ、がまんするのは、つらくないですか？

「わがまま」というのは、「自分の欲求を表現するときに、相手や周りの状況を配慮しないこと」です。

赤ちゃんはお腹がすいたら、大きな声で泣きますね。お母さんが忙しかろうが、電車の中だろうが、深夜だろうが、気にすることはありません。だって、それしかできないんですから。

お母さんも、赤ちゃんが泣いているのに、「静かにしなさい」とか「今はダメよ」とか、（言うかもしれませんが）言っても無駄なことは知っています。お腹がすいているのなら、ミルクを飲ませます。赤ちゃんは泣くことで自分の欲求を満たします。シンプルですね。

それから少し大きくなってきて言葉が分かるようになってくると、お母さんの言う通りにしなくなる時期がきます。

そう、「イヤイヤ期」ですね。親や周りのおとなが言うことやすることに、「それは違う」と表現し始めます。そう表現することでどんなことが起こるのか、どう受け止められるのか、経験する時期です。つまり、「自分は人と違う」ということを確かめているのです。

「イヤイヤ期」の子どもにつきあうのは大変ですが、子どもが言いたいのは「イヤ」だということではない、単に「違う」ということを表現しているととらえてくださいね。

子どもたちが大きくなる過程で必要なのは、まず「自分がどうしたいか」を知り、それを表現することです。相手や環境に合わせて「がまんする」のは、そのあとですね。

赤ちゃんのときにできていた、この「自分がどうしたいか」を伝えることを、いつの間にか子どもたちはしなくなります。

それは、周りに合わせて「がまんする」ことを優先しすぎているからです。親が、「がまんさせる」ことを教えすぎているからかもしれません。

がまんせずに自己主張をする子どもは、日本ではあまり評価されません。「わがままな子」と言われます。あるいはお母さんは、自分ではこの子はこういう個性の子だと認めていても、周りに対しては「わがままな子でスミマセン」とか謝っているかもしれません。

周りに合わせる、あれしたいこれしたいと言わないで黙っている、そんな子どもが「いい子」と思われがちです。私たちおとなもそうやって育てられてきたので、自己主張をする子どもをどう取り扱っていいのか分からない、というのが実情かもしれません。

残念ながらこの「いい子」は、世界基準では通用しません。**これからの子どもたちに必要なことは、自己主張をしない、がまんする力ではなくて、「上手に自己主張する力」を育てることです。**

もうひとつ、大切なポイントとして知っておきたいのは、**相手や周りに合わ**

せてがまんすることで、自分の価値、自己肯定感が下がってしまうことがある、ということです。自分よりも相手や周りが重要だ、と考えることが、自分の価値を相対的に下げてしまうんです。

自分がしたいと思うことをがまんさせることで、自己肯定感を下げてしまうことがあるなんて、びっくりですね。

「わがまま」とは、自分の欲求を表現するときに、相手や周りの状況を配慮しないことです。相手や周りの状況を配慮しながら、上手に自分の欲求を表現できる子どもに育てていったら、いいんですね。その途中では、上手にできなくて、ぶつかることがあってもいいんですね。

わがままはダメなものという「思いこみ」、治さなくてはいけないもの、困ったもの、という「思いこみ」、少しゆるんできたでしょうか?

子どもたちには、自分自身のことを愛して生きていってほしい。自分がしたいこと、望むことを叶えていってほしい、と思います。だから、「わがままだからダメ」と禁止するのではない、がまんするのではない方法も身につけていってほしいと思うんです。

そうそう、「がまんするのが、ダメ」っていうわけでもないんですよ。がまんもできるし、上手に自己主張もできる。そんな選択の幅がある子どもがいいなあ、って思います。

複数の「わがまま」がぶつかって「悪」が生まれてくる

さてさて、本題に戻りますよ。

いいこと、悪いことを判断する力をつけるために、「わがまま」についてお話ししてきたのは、なぜか、です。

私たちが社会で暮らす中で、いろいろなトラブルが起こります。この中で「悪」と言われているものも起こってきます。

それはなぜかと言うと、今お話ししてきた「わがまま」が原因なんです。**複数の人の間で、「こうしたい」「ああしたい」という欲求があって、それが対立すると「悪」の原因となるのです。**

難しいですか？　たとえば、こんな場面で考えてみましょう。

Aちゃんは8歳の女の子。4歳の妹がいます。

最近、何でもお姉ちゃんのまねをしたがる妹は、Aちゃんのおもちゃを使いたがります。お母さんは「妹にも貸してあげようね」と言います。ところが妹はまだ小さいので、Aちゃんの大切なおもちゃを乱暴に扱います。Aちゃんは、貸したくありません。

この「貸したくない」状況、大切なおもちゃを乱暴に扱う妹に対するイヤな気持ち、分かりますよね。

ここで、「貸さない」と言えば、妹とケンカになるか、妹が泣いて、お母さんに怒られる。「貸さない」と言わなければ、大切なおもちゃが汚れたり壊れたりするかもしれない。

こんな状況が、「悪」と言われるものの元になることがあるんです。びっくりしましたか？

Aちゃんと妹、そのあと、どうなったかな。

ああ、今日も、貸す、貸さないでケンカになってしまいました。妹は泣いてお母さんに訴えに行きます。

お母さんもついつい、「お姉ちゃんでしょ、貸してあげなさい」ときつく怒ってしまいます。Aちゃんはむくれて、そっぽを向いてしまいました。

この場合、Aちゃんが「悪」でしょうか？　妹を泣かせてお母さんに怒られたということは、Aちゃんが悪いのかな？　それとも、自分の物ではない、お姉ちゃんのおもちゃで遊びたがる妹が悪いのかな？

それともそれとも、Aちゃんを泣かせたお母さんが悪いのかな??

全体を客観的に見ることができている私たちには、誰も「悪く」ないのが分かりますね。

それなのに、当事者となったら、とたんに「誰が悪い」って言い合います。

子どもが泣きながら「お姉ちゃんがおもちゃ貸してくれない」と言いにきたら、お母さんは「貸さないお姉ちゃんが悪い」と判断します。怒りすぎて子どもを泣かせたら、今度は「子どもを泣かせた自分は悪い母親だ」と思います。

さらにお父さんが登場して、お姉ちゃんの肩を持ったり、お姑《しゅうとめ》さんが登場してお母さんを裁いたりすると事態はどんどん複雑になっていきます。

もしもAちゃんがひとりっ子だったら、この状況は起こりません。

複数の人間がいて、それぞれの欲求が対立すると、「悪」の下地ができるのです。

そして、「誰が悪い」と裁きはじめると、ケンカ・争い・不和の誕生です。

実は戦争も、こんな感じで始まっているんですよ。

まずは、子どもを「良い・悪い」で判断するのをやめる

じゃあ、どうすれば？

お母さんはAちゃんを尊重して、妹にがまんさせたらよかったのでしょうか。

いえいえ、ちょっと待ってくださいね。せっかく「わがまま」のお話をしたので、その続きをしておきます。

対立する自己主張をする人が複数いると、Aちゃんのおうちのように「姉妹ゲンカ」が起きてきます。自己主張同士がぶつかったのです。そのあと、どんなふうに収めていくのか。いくつか道筋があります。

ぶつかったあと、たとえば譲ったり譲られたり、諦めたり無視したり、思いやりの気持ちが芽生えてきたり、感謝の気持ちがでたり、表現力や交渉力が上がったり、ルールを作ったり、よりよい解決方法を考えるようになったり。そんな可能性があります。

もし、最初からぶつからなければ、これらの可能性は存在しませんね。せっかくの姉妹ゲンカ、「お母さんが怒って終わり！」にしないで、うまく活用しましょう。お母さんは裁定するのではなくて、子どもたち同士がお互いの主張をうまく伝えることができ、何か妥協点を見つけられるような手助けをしましょう。

実際のところ、おもちゃを貸したほうがいいとか、貸さないほうがいいとか、正解はありません。どっちでもいいのです。

ケンカしてもいいんです。ケンカのあと、どうするかがよっぽど大切です。コミュニケーション力を上げるために、使ったらいいです。きょうだいゲンカって、そういうものです。

少しつかめてきましたか？

そうです。「わがまま」が悪いわけでもなく、誰か悪い人がいるわけでもない。

でも、「悪」という状況は生まれてくる。

そんなとき、「わがまま」をがまんさせて解決するのではなく、「誰が悪い」と争って事態をさらに悪くするのでもない、それ以外の方法を見出していくことで、「悪」が育つのを止めることができるんです。


そして、Aちゃんと妹のお話の続きです。

お母さんは、Aちゃんに、「妹にもおもちゃを貸しなさい」と言うのをやめました。

しばらくして、Aちゃんの妹の誕生日がきました。妹はステキなおもちゃを買ってもらいました。Aちゃんの一番のお気に入りのおもちゃに負けないくらい、ステキなおもちゃです。

そうしたら、どうなったか？

Aちゃんは、妹に喜んでおもちゃを貸すようになりました。代わりに妹のおもちゃを貸してもらっています。Aちゃんは、妹におもちゃの扱い方を教えました。そして、ふたりのおもちゃを使って、姉妹仲良く遊べるようになっています。

Aちゃん、それまで自分だけが損をしているような気がしていたのに、妹からも貸してもらえるようになったのですね。妹も、妹のおもちゃも、自分のおもちゃも、「一緒に遊ぶ仲間」になったのです。遊びの幅が広がりました。


解決方法は、いくらでもあります。状況も、どうにでも変化します。

一番重要なことは、「おもちゃを貸さない姉」に「ケチ」とか「心が狭い」とか「妹をかわいがらない」とか、よけいなレッテルを貼らないことです。

同様に、「**姉のおもちゃで遊びたがる妹**」にも、「**よくばり**」とか「**きかん気が強い**」**なんてレッテルはいりません。**

「おもちゃを貸さない姉」は、単に、「おもちゃを貸さない姉」にすぎません。

そこに「良い・悪い」の判断を下さないこと、「誰が悪い」って犯人探しをしないこと。

これがよけいな争いを生まないための、コツです。

おうちの中が何か険悪になってきたら、「誰が悪い」って犯人探しをしはじめているかもしれません。おうちの中には、「誰か悪い人」はいません。

「誰が悪いのか」ではなくて、「何が悪いのか」という行動に焦点を当てるようにしましょう。

悪い（適切でない）行動を変えていけばいいだけです。争わなくて、いいんですよ。

2 「決まりだからダメ」って言ってませんか

なぜ、買う前に商品を開けてはいけないの？と聞かれたら…

前節では、「悪」は複数の人の「わがまま」がぶつかるところから生まれてくる、ということをお話ししました。

そんなよくある日常的なところから「悪」が生まれてきてるなんて、びっくりですよね。世界中にずっと長い間続いている、あちこちで今日も起こっている、争いや憎しみも、こんな感じで発生しているんです。もしかしたら、カンタンに解決するのかもしれませんね。

びっくり、意外だ、と思うと、カチカチに固まった思考の枠が少しゆるみはじめます。

「考える」ためには、思考の枠を外していくトレーニングが必要でしたね。焦らず、少しずつやっていきましょう。

次の例を見てみましょう。

スーパーにお買い物に連れてきてもらうのが大好きなBちゃん。まだ3歳になっていない男の子です。

ベビーカーに乗ってお菓子の棚の前で、どのお菓子を買おうかと選んでますよ。嬉しくてしかたありません。さんざん迷いましたが、決まりました。お菓子を手に持たせてもらって、ご機嫌です。

あれっ、そのお菓子を開けてしまいましたよ。ほかのお買い物をしているお母さんは気がつきません。レジに並んでから、「あっ！」となりました。

「開けちゃダメでしょ！」。Bちゃん、怒られてしまいました。

真っ赤になったお母さんはレジの人に謝っています。周りの人の目が気になって、急いでスーパーから出ました。恥ずかしい気持ちでいっぱいだったそうです。その分、Bちゃんを大きな声で怒ったのかもしれませんね。

「どうして、しないとダメなの？」「どうして、しちゃダメなの？」って聞かれたときに、「決まりだから」って、答えていませんか？

答えてます。そう答えたら、いけないのですか？

悪くはないんですが、「決まりだから」と言ったあとの、お子さんの顔を見てください。

納得した顔ですか？　それとも不満そうな顔ですか？

「決まりだから」と言われて不満そうな顔をするのは、「決まりは当然守るもの」というお母さんの「当たり前」が、子どもにとって「当たり前」ではないからです。

なぜ、決まりがあるのか、決まりを守らないとどうなるのか、そして、どうしてそういう決まりになっているのかが分からないから、納得できないのです。

おとなにとっての「当たり前」の多くが、子どもにとっては初めて知ることです。「決まりだから」と言われると、抑えつけられたような気分になります。理由は分からないまま、単に命令・禁止されただけと感じるからです。

「決まり」を守らなくてはいけない理由

では、どうして決まりは守らなくてはいけないのでしょうか？

そもそも、「決まり」って、何のためにあるのか、知っていますか？　子どもたちに説明できるでしょうか？

当たり前すぎて、説明できないかもしれません。ちょっとおさらいしておきましょう。

前節でお話ししたように、「誰が悪い」という見方では問題は解決しません。だから、**「誰が」ではなくて、「何が」良いのか、「何が」悪いのかを明確にして、みんなで守るようにしよう、というのが、「決まり」です。**

たとえば、人の持ち物を盗《と》ったり、人に暴力をふるったり、公共のものを壊したり、そんなことが「悪いこと」です。法律という「決まり」に反する「犯罪」というものになります。

法律で決まっていなくても、集団で行動するところには、それぞれ「決まり」があります。

それは、**その集団の中にいる人たちみんなが、安心安全に暮らすことができるようにするためです。**その「決まり」を守るためにみんな努力するし、守らなかったら罰則、という「決まり」もできてくるんですね。

集団に入っている以上、その中の「決まり」は守らなくてはいけないとみんなが約束しているもの、それが「決まり」です。「決まり」に反するものが、「悪いこと」です。

おとなにとっては「当たり前」である、そんなことが、子どもたちにとっては「当たり前」ではありません。そのことをよく知っておいて、分かるように説明してあげなくてはいけません。

子どもが悪いことをしているのを止めるために、「決まりだからダメ」とか、「お巡りさんに怒られるから、やめようね」とか、ついつい言っているかもしれません。

スーパーでお菓子を勝手に開けて食べようとしている子どもに、「お店の人に怒られるからやめなさい」と言っているお母さん、ときどきいますね。その行為は止まるので、それで済ませてしまいがちです。でも、「お店の人に怒られるから」が本当の理由でしょうか。本当は、そうではありません。

本当は、「悪いことだから、してはいけない」のです。「決まりに反する行動」

が「悪いこと」です。「悪いことは、やめよう」とストレートに言ってあげるほうが、子どもは納得するはずです。

お金を支払う前に商品を食べてしまっても、どうせ買うんだからいいじゃない、と思うかもしれません。でも、厳密に言えば犯罪です。

厳しいですか？　子どもだからいいじゃない、と思いますか？

でも、おとなになってからも同じことをしていたら、犯罪者として捕まりますね。お母さんはそのことをよく知っておきましょう。

「お金を払う前にお菓子を食べてはいけない」と理解できないBちゃんくらいの年齢の子どもや、約束できない子どもには、お買い物中にはお菓子を持たせないようにするのがいいでしょうね。

そうです、悪いことはさせないようにしましょう。

子どもは、しでかしたことの責任が取れません。責任は保護者が取ることになります。

子どもに理解力のないうちは、子どもが「悪いこと」をしないように、親が

配慮しておかなくてはいけないということですね。そうでないと、子どもは何も分からないまま、責任も取れないまま「悪いこと」をしてしまう結果になってしまいます。そして怒られるなんて、理不尽じゃないかと思うんですよ。

親が気をつけていても、子どもが悪いことをしてしまうことはありますが、未然に防げるのなら防ぐほうがいいと思いませんか。

そして、子どもが子どもでいるうちに、親が見ていないところでも、「決まりに反することは、悪いこと」という考え方と、「悪いことはしない」という行動を選択して取れるようにしておきたいものですね。

「決まり」を守るのは、みんなが安心安全に暮らすため。「決まり」を守らないと、社会が混乱したり、安心して暮らせなくなる。この「決まり」を破って社会を混乱に陥れる人は、捕まって罰を受けることがある。この「当たり前」を、子どもたちにきちんと教えていくのは、大切なことです。

みんなで協力して、「決まり」を守って、安心安全な社会で仲良く暮らせるのがいいですよね。

なぜ、「決まり」を守らなきゃいけないの?

子どもに聞かれたときに、いつでも答えられるようになりました。安心ですね。

3

「人に迷惑をかけるな」では判断できません

「人に迷惑をかけるかどうか」はどこで決まるのでしょうか

「人に迷惑をかけないように」って、私たちは言われて育ちます。大切なことだと思います。

でも、どういう基準で、迷惑・迷惑じゃないって、判断していますか？

自分だったら、それをされたら迷惑だなと想像して、判断していますか？
周りの様子を見て、迷惑そうだなと判断していますか？
今までの経験から、ですか？

いいですね、どれも、正解です。

相手の気持ちを想像する、様子を観察してみる、経験から判断する。

そうやって、私たちおとなは、人に迷惑をかけないように、気をつけて生きています。

しかし、**小さい子どものうちは、人に迷惑をかけるかどうかの判断ができません。相手の気持ちや状況を想像する力も、相手の様子を観察する力も、経験も、ないからです。**

だから、おとながいちいち教えなくてはいけません。ひとつずつ学んでいく過程で、だんだんと想像力や観察力がついたり、経験が増えたりするんですね。

小さい子どもが、人に迷惑をかけるのも、その学びの途中ですから大目に見てあげてほしいなと思います。社会全体が、子どもの学びの過程を温かく見守れたら、いいですよね。

そして、私はぜひ、もうひとつの判断基準を子どものうちに手に入れてほしいと思っています。

それは、**直接確認する**、ということです。

迷惑かどうか、相手に聞いてみる、ということです。

「相手に直接聞く」習慣で、子どもの自主性が育つ

想像や観察や経験も、必要だし有効なのですが、それだけでは行き詰まるときがあります。

自分とまったく違う考え方や感じ方、行動のしかたをする相手と出会ったとき、今まで経験したことのない文化や習慣・環境に出会ったときです。

自分がよかれと思ってすることが通用しないことがあります。あれ？　と違和感を感じると思います。そのときに、聞いてみるんです。

「今のは、迷惑でしたか？」

もしくは、

「こうしたら、迷惑ですか？」

こんな場面を思い出しました。

まだウチの子どもたちも小さくて、近所の「ちびっ子ひろば」に毎日遊びに連れて行っていた頃のことです。ときどきお母さんに連れられて遊びに来る男の子がいました。3、4歳くらいでしょうか。いつも一緒に遊んでいる子どもたちの中に入って、最初はちょっと緊張してますが、すぐになじんでお砂場や滑り台で遊び始めました。

見ていると、その男の子、ウチの長女のスコップをパッと取って使いました。あっ、と思ったのですが、子どもたちの間でのことですから口を出さずに成り行きを見守りました。

スコップを取られた娘は困ったような変な顔してます。泣くかなと思ったそのとき、男の子はそれに気づいて、「使う？」と聞いたんです。「ううん」と首を横に振って答えた娘の顔が、にこっとして、その男の子もにこっとして、そんなに上手に言葉も使えない小さい子どもたちが、ちゃんとコミュニケーションが取れるんだなあ、とすごく印象に残りました。口を挟まずに見守って、よかったなあって思ったんです。

自分が迷惑だと感じることが、意外にも相手には迷惑だと感じられないことって、よくあります。

逆もありますね。だから、確認できるときには確認するという習慣が役立ちます。日本人は、相手に直接聞くというのをあまりしません。聞いたら失礼だ、空気が読めないと思われる、と感じる人が多いからかもしれませんね。でも、聞ける相手、聞ける場面では、聞いてみましょう。そのほうが、確実です。そして、その聞いたことも経験のひとつに加えてくださいね。

実は、この「相手に直接確認する」という習慣には、別の効果もあるんです。

「人に迷惑をかけないように」行動しようとすると、どうしても判断の基準を自分の外に置いてしまいがちです。自分がどうしたいのかという自分の内側にあるものを見ずに、自分の外側がどうであるかだけで判断しがちだということです。

実際に「人に迷惑をかけない」というのは、消極的・否定的な意味合いで使われることが多いですし、それによって「自分の行動を制限しなくてはいけない」という、がまんする不自由な感覚を伴うことも多いのです。

相手に直接確認することで、自分という主体を取り戻すことができ、「自分が相手に迷惑をかけないようにしたい」という積極的・肯定的な意図を持って行動ができます。「しかたないから」ではなくて、「そうしたいから」する、ということです。

それから、一般的な「人」ではなく、目の前にいる「相手」と直接コミュニケーションを取ることで、より具体的・明確に、「迷惑をかけないような」行動ができるのです。

想像や観察や今までの経験での判断のほかに、直接相手に確認するという習慣が加われば、**コミュニケーションの行き違いを防ぎ、より主体的な判断基準を手に入れることができます。**

モラルや常識に縛られないために

私たちの暮らす社会には、目に見える「決まり」のほかに、目に見えない「決まり」があります。その、「目に見えない決まり」を、モラルとか常識とか不文律などと呼びます。「人に迷惑をかけないように」というのも、その「目に見えない決まり」のひとつです。

目に見える明確な規定ではないために、反しても目に見える罰則はありません。その代わり、目に見えないところでいろいろ思われたり、白い目で見られたり、噂されたりします。

目に見えない「決まり」は、文章化された、はっきりとした決まりではありません。それを破ったときに、周りの反応を見て、「ああ、これはダメだったんだ」

と分かるのです。

実はこの目に見えない「決まり」は、目に見える「決まり」よりも、私たちの行動に大きく影響を及ぼしています。これを犯したらこうなる、と分かっていることよりも、どうなるか分からないことのほうが、不安に感じるからです。

こんなふうにしたら、どう思われるだろうか、と考えて、行動をやめてしまったり、行動しながらびくびくしたり。そんなこと、よくありますね。

周りの目が気になりすぎて、自分がしたいことが自由にできてないな、って思うときは、一度、「私はどうしたいのか?」と考えてみることをオススメします。

思考のハンドルを自分の手に取り戻すのです。

絶海の孤島にでも住んでいない限り、人は、まったく人に迷惑をかけずに生きていくことはできません。もちろん、なるべくなら迷惑をかけないほうがいい。でも、絶対に迷惑をかけずに生きることは不可能です。そのことを知っておいて、どうしたいのか自分に問いかけてみるのがいいでしょうね。

4 「みんなやってるから」の落とし穴

「まじめな好青年」が「暴走族のリーダー」になった理由

日本人は、協調性の高い民族だとよく言われます。自分の意思よりも、周りの状況を優先したり、様子を見てから行動することが多いようです。

「みんながそうしているから、する」
「みんながしていないから、しない」
「みんながしているから」を判断の基準に置いていることが、多いようです。

もちろん、いい面もたくさんあります。世界の中でも有数の平和な国です。お店でもみんな順番に、行儀良く列を作って並んでいます。

しかし、一歩間違うと、怖いことになってしまうかもしれません。

こんな例があります。

私の知っているある男性は、若い頃、10代の頃に暴走族に入っていたそうです。今の姿からは想像もつきませんが、深夜、バイクに乗ってバリバリ音を立てて集団で走ってたんですね。暴走族同士でケンカしたり、警察ともめたり、窃盗《せっとう》・傷害・迷惑行為、そんな時期があったそうです。

私は、元暴走族の方に会ったのは初めてでしたから、「どうして、暴走族に入ったんですか?」とか、いろいろ根ほり葉ほり聞いてみました。

だって、すごくまじめな好青年なんです。リーダーシップもあり努力家です。この人が、どうして暴走族なんかに?

最初はもちろん、誘われ連れられて、行くわけです。

10代になったばかりの頃です。ディスコとかダンスホールみたいなところです。

おもしろ半分、社会や学校やおとなに対する反発心半分というところでしょう。みんなで盛り上がって楽しいな、日常と違う世界で刺激的だな、っていうくらいです。

そうやって足を運んでいると、仲間ができてきます。先輩にも顔を覚えてもらいます。また来いよ、って声をかけてもらい、集会にも誘われます。

顔を出すと喜んでもらえるし、嬉しいです。かわいいヤツだ、義理堅いヤツだ、見どころがある、と信頼されてきて、居心地がよくなってきます。

その半面、学校や、いわゆるまじめなグループからは、「悪」という評価をされ、怒られたり注意されたり避けられたりするようになって、行かなくなりますよね。

その結果、ますます暴走族の仲間との結びつきが重要になるし、今度は友だちや後輩を連れて行こう、ってなります。

頼りにされはじめ、リーダーシップを取る立場になってきます。相談されたりメンバーを集めたりする役が回ってきます。みんなから期待され、その期待に応えようとします。

そうやって、気がつくと、いつの間にか、「ヘッド」という立場にまでなっていた、というのです。

暴走族を卒業したあとは、当たり前のように暴力団に入ったそうです。

お話を聞いていくうちに、気づいたことがありました。

それは、この方は、「とても人づきあいがいい」ということです。

頼まれたらよほどのことがない限り、断りません。そして人の期待に応えたり仲間を守ったりすることに、全力を尽くすのです。

もちろん、暴力団でも「成績」がよかったそうです。

反社会的な集団の中で「成績」がいいということは、どういうことか、彼は理解できています。

その集団の中で「みんながしていること」「望ましいこと」、それは社会では、「犯罪」と呼ばれることです。

一生懸命努力して、出世しても、社会からは認められません。彼の大切な親や恋人を悲しませたり心配させたりすることもあったでしょう。

なぜ、そんな結果になっていったのでしょうか。

「みんな」は思考停止になる言葉

私は彼に、どうして、やめたのですか？　と聞いてみました。

そうすると、「自分が本当にしたいことができてない、って気づいたからです」

とおっしゃいました。

自分が本当にしたいことよりも、仲間のこと、周りのことを優先して、気がついたら何年もたっていた。暴力団に入ることを自分が望んでいたわけではなかった、この仕事がしたいわけじゃなかった、と気づいて、やめることにしたそうです。

自分が本当にしたいことは、上手に社会にとけ込めない立場の人をサポートしていくことだった。それに気づいて、コーチングやセミナーの講師の資格を取り、今はその仕事に全力で取り組んでいらっしゃいます。

多くの方が、彼のサポートで生き生きと社会の中で自分の強みを活かし、個性を発揮して生きていかれています。

同じ努力をするのなら、みんなを喜ばせ、社会の中で認められる生産的な努力がいいなあ、とつくづく思います。

「みんながしているから」という理由で、判断したり行動してはいけません。

それはなぜかというと、ひとつには、自分が主体となっていないからです。

「みんな」は結果に責任を取ってはくれません。

「赤信号、みんなで渡れば怖くない」というフレーズが以前流行しました。古い言葉ですが、日本人の多くは、今でもその精神性のままだと思います。

怖くないかもしれませんが、轢《ひ》かれて死んでも誰も責任は取ってくれませんね。

自分が死ななくても、誰か死ぬかもしれません。自分の命や人の命を失うかもしれない、そんな危険な賭けはしないほうがいいです。赤信号であっても、青信号であっても、自分で安全だと確認して自分の責任で渡りましょう。

リーダーシップを取っている立場の人なら、なおさら「これが安全だ」という確認は、自分の責任で行いましょう。

あなたの判断で、あなたの指示で多くの人が道を誤ることになってしまうというのは、本当に怖いことではありませんか？

もうひとつの理由は、「みんながしているから」というのは、何の根拠にもならないからです。

ちょっと論理的、具体的に「考えて」みましょう。

「みんな」って誰？

何人くらいがしているの？

していない人はいないの？

……答えられませんね。

何の根拠もないということです。

答えられない、何の根拠もないことを、判断基準として使うというのは、思考停止と同じです。

集団で思考停止に陥ると、ときには恐ろしい結果になることもあるのです。

集団で行動するときも、いつも思考のハンドルは自分が握っていてください。それぞれの人生は、それぞれ自分で責任を持つしかないのです。

5

「見つからなければいい」という心を育てていませんか

「宿題をごまかす子」の心理

第2節で「決まり」に反することが、「悪いこと」というお話をしました。

でも、「決まり」は何がなんでも守らなくてはいけないか、というと、そうでもないんです。

「決まり」を守らなくては、と思いすぎたり、守らせなくてはと思いすぎると、それはそれで問題が起こってくるんですよ。

わあ、何がなんだか分からないですね。

説明する前に、Cちゃんの例をお話ししましょう。

Cちゃん、9歳の女の子です。週に2回、算数と国語の学習塾に通っています。塾では毎日おうちで勉強するプリントをもらって帰ります。ところがCちゃんは算数が大嫌い。なかなか手をつけることができません。白紙のプリントはどんどんたまって、見るのもつらくなりました。

ところが、「もらったプリントは、おうちで勉強する」が「決まり」です。決まり通りにできていないことを、先生にもお母さんにも言えなくなったCちゃんは、プリントをこっそり捨ててしまいました。

幸いにも先生は、渡したプリントをCちゃんが全部は出していないことに気がつきませんでした。お母さんにも気づかれていません。

Cちゃんは、このとき、大嫌いな算数の勉強をしなくて済みましたし、怒られもしませんでした。

Cちゃん、見つからなくてよかったですね、助かりましたね。

でも、これで本当によかったと思いますか？

このあとのCちゃんの様子を見てみましょう。

このあと、Cちゃんは算数のプリント、したくないなって思ったら、こっそり捨てるようになりました。

見つからないくらいの分量ですよ、まったく出さないとバレちゃいますから。

小学校を卒業したCちゃん、大嫌いな算数はいつの間にか、大嫌いで苦手な数学になってしまいました。小学校のときはまだ良かった成績も、低迷しています。「数学」と聞いただけで、胸のあたりがもやもやして、イヤな感じがします。「自分はダメだ」という思いが出てきます。

成績を上げるためには勉強するしかないと分かっていても、どうしても拒否反応が出て、ほかの教科は勉強できるのに、数学だけはできないのです。

自分で自分の心にブレーキをかけている

Cちゃんは、プリントを捨てるという方法で、一時的にしたくないことから逃れることができました。「ズル」したけど、バレなかったのです。バレなかったので、次もその「ズル」を続けました。

その結果、「算数・数学」の成績が下がりました。勉強って、しないとできるようにならないですからね。でも、それだけではありません。

いざ、勉強しようと思っても、できなくなってしまうんです。

なぜなら、自分が「ズル」したことを知っているからです。**「ズル」した自分が、できるようになってはいけない、とブレーキをかけるんです。**

Cちゃんの心の奥でもやもやしているものは、「罪悪感」と呼ばれるものです。

この「罪悪感」は、「自分が悪いことをした」と、自分で自分を責める気持ちです。自分で自分を責めるのはすごくイヤなので、「だって、しかたなかった」とか、「お母さんにさせられたからだ」みたいな言い訳や人のせいにする気持ちで、さらにごまかしています。

この**「罪悪感」、ふだんは無意識の深いところに隠れていますが、チャレンジしようとか、いよいよ成功しようとするときに出てきて、成功を妨げます。または、いったん成功しても、その成功をぶち壊すようなことが起こります。**

私がお会いする人の中には、高い目標を掲げてみんなのために貢献したいという思いもあって、こんなに努力して行動もしているのに、どうしてこの人が成功しないのだろうか、と思う人がいます。

その人のお話の、深い深いところを聴いていくと、「罪悪感」が隠れていることが多いのです。本当にたくさんの人が、「罪悪感」に支配されて、成功できずに生きているのです。

こんなふうに、少し長いスパンで見てくると、Cちゃんは、最初にプリントを捨てたときに見つかって怒られたほうがよかったかもしれません。

怒られたら、そのときは悲しかったり悔しかったりするかもしれませんが、「ズルをし続ける」ということはやめられたと思います。

プリントを捨ててしまうくらいツライのだということが先生やお母さんに分かれば、プリントの量を減らしてもらうとか、分かるところまで戻って教えてもらうとか、いっそのこと塾をやめるという選択もできたでしょう。

小さな心に、先生やお母さんに言えない秘密をためて生きていくよりも、いい選択ができたかもしれませんね。


一度も悪いことをしないで生きられる人なんて、この世にはいません。悪いことを一度でもしたら成功してはいけないなんて、決まっていません。「罪悪感」から解放されて、自分を解放して、成功してもいいんですよ。

「罪悪感」を解消するいちばんの方法

さて、Cちゃんのその後です。

いよいよ大学受験の時期がきました。Cちゃんの目標は国立大学です。マークシート方式のセンター試験で数学が2科目、そして2次試験にも数学があります。数学の筆記試験です。Cちゃん、どうしたと思いますか？

いよいよ覚悟を決めて、数学と取り組むことにしました。「自分がしなかったので、できてないのだ」という現状を認めたのです。

今までずっと避けてきたので、分からないことがいっぱいあります。分からないことに取り組むのは、最初はとても苦痛です。ジグソーパズルに、どんな絵ができるか知らないで取りかかるのと同じ感じです。でも、少しずつピースがはまってきます。少しずつ、どんな絵なのが分かってきます。

Cちゃん、毎日少しずつ前進して、成績を上げていきました。そうして、ついに希望の大学に合格しました！

数学の2次試験もなんとかクリアできたのです。

「罪悪感」から自分を解放するためには、「ズル」した自分を変えなくてはいけません。「ズル」をする自分の傾向性を変えると言ってもいいです。

過去の自分をどうこうするのではなく、今、これからの自分がどう生きるのか、どう行動するのかということですね。

過去は過去、償ったり自分を責めたり、あれこれ悩んだりするだけでは乗り越えられません。

Cちゃんの「ズルしたことによる罪悪感」は、「一生懸命勉強する」ということで解消されました。

これは、大学に合格するという目に見える結果よりも、重要なことです。Cちゃん、本当に頑張りましたね。

もし、あなたが、もうおとなになっていて、学生時代のズルやさぼりによる「罪悪感」を解消したいなら、「勤勉に働くこと」で解消できます。

自分がしたことは、自分に返ってきます。「原因結果の法則」です。因果応報とも言います。

過去にしでかしたことは取り返しがつかないかもしれませんが、「罪悪感」から自分を解放することは可能です。そのためには、「自分がしたから、こうなった」「自分がしなかったから、こうなった」ということを素直に認めることです。

「決まりを守らせよう」としすぎないほうがいい

ちょっと話を戻しましょう。守るべき「決まり」ですが、守ろう、守らせようと思いすぎないほうがいい、っていう話です。

「決まり」を守らなくては、と思いすぎると、「決まり」を破ったときにどうでしょうか。見つからないように、怒られないように、ごまかしたり、ウソをついたりすると思いませんか？

そのことで、「悪いこと」をさらに重ねてしまう結果になりますね。「決まり」を破った自分は、どうしようもない「悪い子」だと思うかもしれません。

Cちゃんは「決まり」を守りませんでしたが、怒られませんでした。公平でない、と感じますか？「怒られるべきだ」と思いますか？「決まり」は「決まり」なんだから、何がなんでも守らせるべきだ、と思いますか？　それを守らない子は罰されるべきだ、と思いますか？

私は、そのときに怒られるかどうかは、あまり問題じゃないと思うんです。なぜなら、長い目で見れば、「自分がしたことは、自分に返ってくる」からです。

悪いことをしても、見つからなかったり、怒られなかったり、罰されなかったりすることって、あります。悪いことをして儲けて贅沢《ぜいたく》な暮らしをしたりする人とか、罪を犯しても見つかることなく暮らしている人とか、いると思います。ズルイとか、不公平とか、怒りを感じることもあるでしょう。

でも、「自分がしたことは、自分に返ってくる」という法則が働くのは間違いないのです。

だから、その人たちのことは、その人たちにまかせましょう。罰するのも怒られるのも、不幸になるのも、その人たちのことです。

人がしたことに対して、怒りを持ちすぎないほうがいいでしょう。

怒るのはあなたの仕事じゃありません。神様の仕事だと思うんですよ。

西洋のことわざに、「神のひき臼は回るのが遅いが、ゆっくりとすりつぶす」というのがあります。

どんな悪事も天は見逃さない、という意味ですが、私は本当だと思います。それぞれの心の中にある「罪悪感」という形で、ちゃんと罰は下されていますから。

そして、「自分のこと」に集中するように、気持ちを戻します。

私たちができることは自分のことだけですから、「自分が何をして、その結果として何が返ってきたか」を見て、これから何をするかをシンプルに決めて行動していく。それだけで、人が成功しても羨《うらや》むことはないし、人が失敗しないのを残念がらないで、生きていけるんですよ。

もうひとつ、「決まり」を守らなくては、守らせなくては、と思いすぎないほうがいいという理由があります。

それは、「決まり」というのは、人が作ったものである、ということです。

人が作ったものだから、「絶対」でもなければ、完璧でもありません。時代や状況に合わせて変えていけるものなのです。もともと人が、幸せに安全に安心して暮らしていくために、作ったんですからね。

だから、「決まり」を守ることが、最終的な目的ではありません。目的は、その集団の中に住む人たちが、幸せに安全に安心して、仲良く暮らせることです。

「決まり」を絶対のものとして考えすぎたり、お互いに監視し合ったり、裁き合ったり、しすぎるなんて、本末転倒ですね。

どうでしょうか。「決まり」に対する考え方、とらえ方、少し変化したでしょうか。「決まり」だから守らなくてはならない、と単純に思っているときよりも、アタマが少し柔らかくなったかもしれません。絶対に守らなくてはならない、と思っているときよりも、「決まり」を守りやすくなっていることに気づくかもしれません。

「自分がそうしたい、そうしよう」と思って、守ろうとするほうが、「守るべき」と押しつけられているときよりも、自由な感じがしませんか？　そう、押しつけられているのではなく、自分で選択できるという自由です。

この自由な感じが、思考停止を防ぐ感覚です。「思いこみ」にとらわれずに、自分のアタマで「考え」ている、感覚です。大切にしてくださいね。

6 良いか悪いか――考える力を伸ばすポイント

「やったら、いい結果になるかどうか」で考えよう

第5節で、「考える」ために大切な、自由な感覚について、お伝えしました。その自由な感覚の中で、「考え」ていくと、いいんですね。

「考える」ときの大切なポイントは次の2点です。

ひとつは、**「自分が主体となって、考えること」**。

説明もできないくらいに「当たり前」になっていることは、自分が主体となって、考えたことではありません。いつの間にか自分の中に取り込まれている「思いこ

み」は、小さい頃、知識も経験もない頃、何の判断力もない頃に、「考えもせず」取り込んでしまったものです。

今の知識や経験、言葉で、きちんと説明できて初めて、「自分が主体となって」考えることになります。

「当たり前」と思っていることを、もう一度、自分の手にハンドルを持って考えてみる、それが大切なことですね。

相手の気持ちを想像したり、周りの様子を観察したり、今までの経験や前例を基《もと》にしたり、相手に直接確認したりして、私たちは判断の材料を得ます。その材料を基にして、判断するのは、自分です。

なぜ、そうするのか、しないのか、その理由を自分で説明できるようにしておくといいですね。

反対に「それしかないでしょ」みたいな思考を停止するような言葉は使わないことです。

自分が、判断のハンドルを握っている感覚を忘れないでくださいね。

もうひとつは、「何らかの原因があったから、今の結果が起こっていること」「何かをすること（あるいはしないこと）は、何らかの結果を起こすこと」、難しい言葉で言えば、原因と結果の法則です。**「それをしたら、どうなるか」「それをしないと、どうなるか」をセットで考える、**ということです。

これは、判断するときに時間の軸を入れる、ということでもあります。

小さい子どもは「今」を生きています。今したい、今したくない、です。そこから、少しずつ未来を考えられるようになっていきます。「今したい」ことが、少し長い目で見たら、「しないほうがいい」ことだと見えるようになってきます。

いいか、悪いかは、それをしたらどうなるかを考えることで判断できます。いい結果が起きるなら、いいことです。悪い結果が起こるなら、悪いことです。

もちろん、子どもですから、やってみないと分からないこともたくさんあります。それも含めて、経験ですね。

そして、私たちおとなは、子どもが「こうしたから、こうなった」という経験を、学習として次に活かせるように促してあげましょう。

そのためには、**悪い結果になったことを単に怒るだけで済ませない**、ということです。

怒って、子どもが謝って、それで済ませていませんか？

なぜ、悪い結果になってしまったのか、何をし、何をしなかったからなのか、次にするときは、どうすればいいのかを一緒に考えてあげてください。

でも、実際に事件が起こってしまうと冷静になることは難しいですね。次の例で一緒に考えてみましょう。

悪いことをしたとき、「謝らせて終わり」にしていませんか

Dくん、小学校1年生の男の子です。お母さんの携帯に警察から連絡が入りました。Dくんが、近所のお友だち数人とコンビニで万引きしたという連絡です。

お母さんは気が動転して、仕事を早退して駆けつけました。警察には、Dくんとそのお友だち、お友だちのお母さんたちと、学校の担任の先生がいました。警察で注意を受け、「今回はコンビニの方が訴えないと言ってもらっています」。Dくんを引き取りました。

その後は学校へ。校長室で、校長先生はじめ、担任、指導教諭が並ぶ中、今後の対処について相談しました。

ほかのお母さんやお友だちともそろってコンビニにも謝りに行き、いったい何回頭を下げたでしょう、ひととおり終わって家に帰ってきました。

お母さんは、もう怒る気力もありません。それまで神妙な様子をしていたDくんも、家に帰ってほっとしたようで、何もなかったかのように遊び始めています。

仕事から帰ってきたお父さんに、お母さんは任せることにしました。

お父さんは、仕事から帰って早々、疲れきったお母さんから報告を聞き、Dくんを前にして怒ります。

「なんで万引きなんかしたんだ!?」

「万引きが悪いことくらい、知っているだろうが！」

Dくんは、黙って下を向いていましたが、しばらくして、「ごめんなさい」と謝りました。

「もうしないな？」

「もうしません」

お父さんは「分かったんなら、よし！」と言いました。

どうでしょうか、これでDくん、大丈夫でしょうか。

ちょっと、Dくんの頭の中を拝見しましょう。

万引き、おもしろいかなって思ったのに、すぐ見つかっちゃって、怖かったな。みんな捕まって、警察ってあんなところか。お母さん、来るの遅いよ。

先生は泣きそうな顔で怒るし、校長先生にもなんか言われたな。

なんでこんなことになっちゃったかな。長いな、まだ終わらないのかな。

コンビニでみんなで「スミマセンでした」と謝るのが一番イヤだったな。あのコンビニ、もう行かない。

悪いことしたんだから、しかたない。でも、おれだけじゃないのに。

お母さんはさっきまで赤鬼のように怖い顔だったのに、家に帰ったら青鬼のように暗い顔だし、何も言わないし、何も言わないのが一番怖いな。

お腹空いたな。でも、そんなの言ったらまた怒られる。早く終わらないかな。

次はお父さんか。謝らなくちゃ。「よし!」と言ってもらったから、もう済んだかな。


うん、小学校の1年生なら、これくらいですよね。

これで、済んだ!　にしては、いけないようですね。

あなただったら、Dくんとどんな話をしますか？
Dくんが、二度と万引きをしないように決意するために、何が分かったらいいと思いますか？　何を伝えてあげたら、いいと思いますか？

「もうどうしていいか分かりません」とおっしゃるDくんのお母さんに代わって、私はDくんとこんな話をしました。

万引きは悪いことって知ってたよね？
うん、とDくんはうなずきます。
悪いことだって知ってたのに、どうして万引きすることになったの？
Dくんがみんなに万引きしようって言ったのかな？
……ううん、そうじゃなくて、何となく、みんながやろやろ、ってなって……。
そうか～、また誰かがやろうって言い出したら、Dくんはどうするの？

……しない、って言う。

へえ、どうして?

……見つかってタイヘンだったし、おれ、お父さんと約束したから。

どんな約束したのか、教えてくれる?

……万引きは、もうしない、って。

そうか、みんなにやろうって言われても、Dくんは万引きはしないのね?

……うん! だって、ホントにタイヘンだったもん。ケーサツとかさ。

そうね、次やったらもっとタイヘンになるかもだし、ね。

Dくん、お父さんとお母さんに「誰かに誘われても、ちゃんと断る」と伝えることにしました。

Dくんと話をしてみて分かったのは、Dくんは万引きが悪いことだという自覚はあった、そして今回の万引きのきっかけは、「誘われたから」だということです。

Dくんは、万引きがしたかったわけではない、盗りたいほど欲しいものがあったわけでもありませんでした。だからこそ、**また同じような状況で「誘われた」ときに、具体的にどう行動するかを決めておく**ことが大切ですね。具体的に決めておかないと、きっとまたやってしまいます。せっかく学んだ「タイヘン」な経験です。「万引きはしない」そう決めた、お父さんとの約束が守れるように、サポートしていきたいですね。

第2章

危険や悪から身を守るために「親だからできること」

わが子に「自分を大切にすること」から教えてみよう

1 「あなたは大切な存在だ」と伝えていますか

自分で自分の身を守るための絶対条件とは

第1章では、子どもの判断力を育むために、どんなことが必要かを考えてみました。

この第2章では、**子どもが、自分を害するものを見分け、自分自身を守るためには、どうしたらいいのか**についてお話ししましょう。

自分自身を悪なるものから守るために、まず一番はじめにお伝えしたいのは、**自分が自分のことを「大切な存在だ」と心から思えるようになることです。**

「大切な存在だ」というのは、何か行動したからとか、何か持っているからとか、何かできるから、ではない、無条件の承認、存在そのものの承認です。

もともと私たち人間は、ひとりひとりが、それぞれ特別な、大切な、重要な、価値のある、存在です。でも、私たちはそれをあまり自覚せずに生きています。

自分を粗末に扱ったり、自分を価値のないものだと判断したり、いてもいなくてもいい、なんて思ったりします。自分を自分のものだと勘違いしているから、そんなふうに自分を粗末に扱ってしまってもいいと思うのです。


えっ、自分は自分のものではないんですか？　という声が聞こえてきそうですね。

そうなんですよ、自分は自分のものでは、ないのです。正確に言うと、「自分は自分だけのものではない」のです。

ピンときませんか？


少しイメージするといいかもしれません。

あなたがこの世に生まれてくるために、今まで生きてくるために、どんなに多くの他者の手助けが必要だったかを、想像してみましょう。

人間ひとりが生まれてくるためには、その親、そのまた親、ずっとずっと遡《さかのぼ》っていく、その誰ひとりが欠けても、今のあなたにたどりつきません。目には見えませんが、あなたとあなたを生み出してくれたたくさんの存在との間に、確かにつながりがあるんです。

また、あなたがこの世に生まれてきてからも、あなたの身体を作るために、動物や植物のたくさんの命が、その命を提供していることも、あなたは知っているはずです。

そのどのひとつが欠けても、今のあなたは存在できません。

あなたの細胞のどのひとつをとっても、あなたが自分で作ったものはないのです。

何ものかの助けなしに、あなたは存在できない、それもあなたは、感じているはずです。

そして、あなたからつながる命もまた、あるということをあなたは知っているでしょう。あなたの子どもたち、その子どもたち、ずっとずっとつながっていく未来を感じてみてください。

あなたがあなただけのものではない、ということが感覚としてつかめてきましたか？

まずは、親自身が「自分は大切な存在だ」と思うこと

ＮＬＰ心理学では、「スポンサーシップメッセージ」と呼ばれる、ステキなメッセージがあるんですよ。

私たち人間は、「あなたは存在している」（あなたの存在は脅かされていない）

というメッセージを受け取ると、地に足がついたような感じになると言われています。

この「スポンサーシップメッセージ」は、人間を超えた存在、自然、地球、大宇宙からのメッセージだと思って受け取ってみてくださいね。

あなたには　価値がある
あなたは　特別な存在だ
あなたは　大切な一員です
あなたの貢献は　重要だ
あなたは　いのちの源《みなもと》だ……

このスポンサーシップメッセージ、ぜひ、声に出して読んでみてください。

歌うように、読んでみてください。

鏡を見ながら、あなた自身に呼びかけてみてください。

子どもを見ながら、心を込めて、呼びかけてみてください。

愛する人を思いながら、そっと心の中で、呼びかけてみてください。

きっと、何か、響くものがあるはずです。それは、理屈ではありません。

もし、あなたが、「自分は大切な存在だ」と思えていないのであれば、このスポンサーシップメッセージを自分に伝え続けてあげてくださいね。

子どもたちには、「自分は大切な存在だ」と心から思って大きくなってほしい、と私たちは願います。

そうであるならば、私たちおとなも、自分が大切な存在だということを思い出さなくてはいけません。

「自分を大切にする心」が自分を守る、人を大切にする

自分を守るために、一番必要なこと、それは、「自分は大切な存在だ」と知る

ことです。

守らなくてはいけない、大切な存在です。唯一無二の、誰とも取り替えできない、大切な存在です。それを深く知っていればいるほど、自分を守ることになります。

自分の身体や心を自分で傷つけたり、自分のことを否定したり、さげすんだり、自分を傷つけるような人と一緒にいたり、自分を傷つける言葉を黙って受け入れたり、危ない場所にのこのこ出かけていったり、そんなことは、できなくなります。

「自分は大切な存在だ」と知っているからこそ、人も大切にすることができるんですね。

大切にする、という意味が深く大きくなっているのが、感じられますか？

2　「自分を大切にする方法」を教える

「お風呂タイム」は自分を大切に扱う絶好のチャンス

前節で、「自分は大切な存在だ」と知ることの意味をお伝えしました。次は自分を大切にする方法をお伝えしましょう。

前節の「スポンサーシップメッセージ」もぜひ使っていただきたいです。

それから、拙著『子どもの「言わないとやらない！」がなくなる本』で、自分の身体に感謝しながらお風呂に入りましょう、ということをお話ししました。

自分の身体を、大切なものとして毎日自然に扱える場所、それがお風呂です。

小さい子どものときは、お母さんやお父さんに、毎日お風呂で身体を洗ってもらいます。大きくなったら自分で洗えるようになりますね。そのときに「ありがとう」と言いながら洗ってみてください、とお伝えしました。

お風呂で感じる気持ちいい感じ、お湯の中で身体がゆるんだりしっとりしたり、いい匂いやふわふわな泡や、そんな**五感で感じるいい感じを、身体にしっかりしみこませながら、「ありがとう」とか、「大事だよ」とか、言葉をかけてあげてくださいね。**

これは、毎日できる、本当に手軽な、しかも効果的な方法です。

自分自身をそうやって、大切に扱ってみると、潜在意識に入っていって、それが「当たり前」になってきます。そうすると自分を大切に扱わないことに、今度は違和感を感じるようになるんですね。

大切な家族を大切にすることから始めよう

さて、そのほかの方法をいくつか。

まず、自分を大切に扱ってくれる人を大切にする、という方法はいかがでしょう。自分を大切に扱ってくれる人、それは多くの場合、家族です。家族を大切にする、という方法です。

あれ？　当たり前、と感じましたか？

この本を手にとって読んでくださっている方であれば、家族を大切に思っていらっしゃると思います。でも、大切に思う、というのと、大切にする、というのは、少し違いますね。違いが分かりますか？

そうですね、アタマの中で大切に思っているのと、実際の行動として大切にする、との違いです。実際のところ、家族を大切にする行動を取っているかどうか、と言われると、「はい！」と答えられないかもしれませんね。

具体的に見てみましょう。

家族と過ごす時間を、取っていますか？　一日のうちに、どれくらいですか？

家族と一緒に、食事を取っていますか？　一日のうちに、どれくらいですか？

家族に、思いやりのある言葉をかけていますか？　具体的に、どんな言葉を使ってますか？

家族と、スキンシップ、ふれあう機会を作っていますか？　一日のうち、どれくらいですか？

同じ家に住んでいるのに、ご飯を一緒に食べないとか、お互いに顔も見ずにゲームやスマホの画面ばかり見てるとか、よく聞きますね。ちょっとだけ意識をして、「大切にしよう」としてみてください。

あなたを大切に扱ってくれる人、というのは、あなたが危機に陥ったときに、あなたを助けてくれる人のことです。

それは、誰ですか？

家族ですか？　恋人ですか？　親友ですか？

その人を大切にしていますか？

その人のために、どれだけ時間を使っていますか？

大切な人を大切にする、大切な人と一緒に過ごす。それは、どういうことか、分かりますか？

そんなに**大切ではない人に、気を遣いすぎない、時間も使いすぎない、エネルギーをかけすぎない**、ということになります。

そのことで、つきあいが悪い、と言われたりするかもしれません。空気を読まない、と言われたりもするかもしれません。でも、そんな人の言うことはどうでもいいじゃありませんか。

そんなに大切ではない人、という中にはSNSでつながっているだけの人も、いるかもしれません。その人にコメントを返す時間に、できることがほかにもあるかもしれません。

本当に大切なのは誰で、大切でないのは誰か、優先順位をつけなくてはいけません。

そして、大切な人から順に、大切にしていくのです。そうでなければ、あなたの大切な時間も、エネルギーも、あなたの人生そのものも、いつの間にかどんどん奪われていくでしょう。

家を「居心地のいい」「安心する」場所にしよう

自宅が安心な場所だと思えない子どもたちが、夕方、深夜に街へ出てコンビニの前や路上でふらふらしている、そして事件や事故に巻き込まれていく、そんなニュースが残念ながら、あとを絶ちません。

どうかすべての子どもたちが安心していられる場所、居心地のいい場所で、安全にこの夜を過ごせますように、と祈るような気持ちで、もう一つの方法をお伝えします。

安心できる場所、空間、スペースを確保する、という方法です。

あなたが安心できる、場所。

それは、どこでしょう？


多くの人は、家庭ですね。

あなたのおうちは、安心できる場所でしょうか。

居心地よくて、くつろげる空間ですか？

思いやりのある言葉が交わされているでしょうか？

座り心地のいい、お気に入りの席はありますか？


あれっ、あまり居心地よくないな。そう感じた人は、窓を開けて、少し換気をしてみてください。

新鮮な空気が部屋に入ってきましたか？

その新鮮な空気を吸って、吐くときに体の中のいらないもの、老廃物を一緒に吐いてみるイメージをします。鼻から吸って、口から吐きます。

深く吸って、いらないものを吐き出します。細く、長く、吐いていきます。

何回か繰り返して、深呼吸します。

身体の中が新鮮な空気でいっぱいになって、いらないものが全部出て、すっかりキレイになったと感じたら、今度はあなたのいる場所をクリーニングします。

掃除機をかけてもいいし、モップで拭いてもいい。いらないものを目に見えないところに片づけるだけでもいいのです。

ほんの少しでいいんですよ、無理せず、身体が動く範囲で。苦しくなったら、また空気を吸って吐いて、楽にしてくださいね。


実は、**あなたの身体は、あなたの一番安心できる場所なんです**。身体が「場所」なんて、変な感じですか？

でも、あなたの心、あなたの精神、あなたの魂にとって、宿るべき場所です。憩うべき場所ですね。

ですから、**まず、あなたの身体がリラックスして、安心を感じること、それが、**

安心な場所、スペースをつくる基本です。

新鮮な空気で深呼吸をすること。たった30秒でできます。


そして、その安心できる場所を広げていく感じです。

あなたの周りに、安心できる場所を広げていく、居心地のよいところ、くつろげるところ、座り心地の良い椅子、クッション、きれいに拭かれたテーブル、そんなイメージです。


その空間の中に、あなたの大切な家族、大切な人を招き入れてくださいね。

あなたを害するものは、排除していいんですよ。**あなたが大切にしたいものだけを招き入れてください。**いつでもここに帰ってくればいい、そんな場所です。


あなたのおうちを、そんな安心の場所にしてくださいね。

特別なものは、いらないのです。あなたが居心地よく、くつろげる。**家族が**

安心して帰ってこられる、そんなおうちにしましょう。

あなたの子どもは、どうでしょうか？　そんな空間を持っているようですか？　あなたのつくっているおうちの中に、そんなくつろげる、安心の空間を持たせてあげていますか？

誰にも壊されたり否定されたりしない、そんな空間を持っているようですか？　そこは新鮮な空気が入ってきますか？　その中で、深呼吸できているようですか？

自分を大切にする、って人間にとって大事なことなんだと、私は心理学を学んでから知りました。自分を大切にするなんて、当たり前だと思っていました。

私は大切にしてもらって育ちましたから、自分を大切にしない人がいるとか、自分を大切にする方法を知らない人がいるとか、まったく考えもしませんでした。

ＮＬＰ心理学を学んで、自分を大切にするとはどういうことかを、こうやって言葉で説明できるようになりました。

自分を大切にする、いくつかの方法をお伝えしてみました。気に入ったのがあれば、使ってみてください。

そして、自分を大切にしてみてくださいね。その**自分を大切にするあなたが、自分を大切にすることを子どもに伝えていってくだされぱいいなと思います。**

かつての私と同じように、「自分を大切にするのは当たり前」と思っている方、自分を大切にしない方に、この方法で大切にするといいよ、と伝えてあげてください。

自分を大切にする人が増えれば増えるだけ、幸せな人が増えます。

自分を大切にすること、自分を幸せにすることは、ジコチュー（自己中心なこと）なんかじゃないんですよ。それは、誰でもが持っている権利であり、義務でもあるんです。

3

「イヤ」「やめて」と言える子に育てる

「なぜ、悪口を言ってはいけないのか」子どもに言えますか

人の悪口を言ってはいけません、ってよく言われますよね。
その理由は、なぜだと思いますか？
「考える」トレーニングですよ、考えてみてくださいね。

相手が気を悪くするから。
相手とケンカになるから。

そうですね、ほかには？

みんなの雰囲気が悪くなるから。

お、いい感じ、もう少しいってみましょうか。

自分の気分が落ちるから。

そこです。**人の悪口を言うと、それを聞いた自分が、気分が悪くなるんです。**

こんなことが、ありました。

もうずっと以前、まだNLP心理学や脳の働きのことなど、何も勉強していない頃です。家族みんなで、居間でテレビを見ていたときのことです。

私は、なにげなく出演者の悪口を言いました。それを聞いていた次男が、「悪口を言うのは、やめてほしい」と言ったのです。びっくりしました。だって、次男の悪口じゃないんです。そこにいる人の悪口じゃないんです。

でも、次男の顔はまじめでしたから、「ゴメンね、悪口は言わないようにするよ」と謝りました。

次男は優しい子だから、人の悪口を聞くのもイヤなんだなと、そのときは思っただけでしたが、ずっと記憶に残っていて、それから人の悪口を（その場にいない人でも）言わないように心がけるきっかけになりました。

実は、私たちの脳の深いところ、無意識には、主語を判別する機能がついていません。**人を悪く言うと、それを聞いている自分も、知らず知らずのうちに傷つける**、ということが分かっています。

同じように、悪口を聞くと、たとえそれが自分に向けられたものでなくても、脳は勝手に自分を悪く判断する、ということです。

いつも悪口を言う人と一緒にいると、なんだか気分がよくないですね。自分が人の悪口を言わないようにするだけでなく、悪口をよく言う人とは一緒にいないほうが、よさそうです。

暴力を「しない」だけでなく「避ける」ことを教える

言葉だけではありません。誰かが暴力をふるっているところを見たら、脳は自分が傷つけられたと認識します。**自分が暴力をふるわなくても、暴力を受ける側でなくても、見ているだけで、知らないうちに自分を傷つけてしまうのです。**

私たちは子どもに残虐な映像を見せないように、配慮しています。それは、子どもの脳は映像と現実を区別せずに、無防備に取り込んでしまうことが分かっているからです。

では、おとなになった私たちは、残虐な映像を見ても大丈夫なのでしょうか。おとなになっているので、意識的には映像が現実とは違うということは理解できていますが、無意識の深いところまではコントロールできていないはずです。好きずきでしょうが、私はあまりオススメしません。お金を払ってまで見るものでもないと思います。

もちろん、テレビや映画の話だけではなく、現実でも、同じことです。

私たちは、自分が悪いことをしないようにしよう、とは努力しますが、悪いことをする人、悪いことを言う人と、一緒にいないようにしよう、と努力することはあまりありません。

でも、悪いことをする人を避ける努力は、必要なことです。

序章でも書きましたが、**悪いことをする人と一緒に行動すると、自分も悪いことをする（加害者になる）か、悪いことをされる（被害者になる）、のどちらかになります**。

自分が悪いことをしようと思わなくても、いつの間にか加害者になっているって、イヤじゃないですか？　被害者になるのは、もっとイヤですよね。

いつも一緒にいる人は、選びましょう。気分が悪くなるだけじゃなくて、自分の潜在意識の深いところまで影響されてしまうからです。

されてイヤなことは、イヤと言えるようになっておきましょう。

聞いてイヤな言葉は、イヤ、と言いましょう。

イヤと言ってもやめない人とは、距離を取るようにしましょう。

どうか、子どもたちにも、そう伝えてあげてくださいね。**無理に「誰とでも仲良く」しなくていい、**と伝えてあげてください。

ただし、子どもがイヤだと思っていないのに、親が先回りして子どもの友人を選別するのはナシですよ。

そして、もし誰かからあなたの存在を否定するような言葉を聞いてしまったら、心の深いところに入れないようにしましょう。

自分で自分を守るためにできること

どうやって？

私は、こうやっています。

何か自分を傷つけるような言葉を言われて、それが心に残っているとき、パソコンのデリートボタンをイメージします。浮かんできたら、デリートです。浮かんでくるたびに、デリートします。

ある人は、水洗トイレをイメージする、と言ってました。流してしまうんですね。

そうして、自分の心の深いところは、自分で守っているのです。

イヤなものはイヤと言う。やめてほしいことは、やめてほしいと言う。

自分を守るために、必要な力です。

断るのって、エネルギーが必要ですね。自分を大切な存在だと知っていて、その大切な自分を守るために、断るのだという強い意思が必要です。

はっきりと、大きな声で、言えるように、練習が必要です。

言っても聞いてもらえないときは、離れる。避ける。誰かに助けてと言う。

逃げるのは、恥ずかしいことじゃありません。助けてもらうのも恥ずかしくありません。

自分を守ることに、遠慮なんかしなくていいのです。自分で自分を守れるようになっておく必要が、あるんです。そんなふうに、子どもたちにも伝えてほしいなと思います。

4 「いじめ」から子どもを守るために必要なこと

いじめと遊びの境界線

いじめによる児童・生徒の自殺という事案に対して、学校側が「**いじめではなく、ふざけだ、と認識していた**」と弁明することがあります。「いじめ」と「ふざけ」、どう見分けたらいいのでしょう。

この日本で、公の教育機関で、いじめによる自殺が続いているというのは、どういうことでしょうか。

私たちおとなが、何をいじめと判断するのか、その基準が明確でないからかもしれません。いじめと判断しても、そのあと、どう対処するのか、明確でないからかもしれません。

いずれにしろ、学校まかせ、社会まかせにしていても、いじめ被害、いじめによる自殺はなくならないようです。私たちの子どもは、私たち親がそれぞれの責任で守っていかなくてはいけないと、感じています。

いじめ被害にあった子どもたち、どうしてお父さんお母さんに、助けてもらえなかったのでしょうか。

私たちの子どもは、助けてほしいときに、助けてほしいと言えるでしょうか。

私たちは、子どもが助けてほしいと言ったときに、それを受け止めて行動できるでしょうか。

いじめの判断基準

いじめと、ふざけ・からかい・遊びとの境界線は、このようにして見分けられます。

❶関係性の固定が見られるかどうか→する側とされる側が、
入れ替わらず、固定化している

❷単発かそうでないか→一度で終わらず、何回も起こる、長期化している

被害生徒・児童の訴えがあり、この二つがそろえば、いじめです。

被害生徒・児童からの訴えがなくても、客観的に見て、暴力・持ち物や衣服を盗られる、壊される、汚される、嫌がらせ、ネットやメールでの誹謗《ひぼう》中傷など、実質的な被害があれば、いじめと判断します。犯人が誰だか特定できなくても、かまいません。

暴言・無視・仲間はずれ・聞こえるように悪口を言うなど、実質的な被害がなくても、精神的な苦痛を被らせる攻撃と見なせるものも、いじめです。

一般社会で、「それは犯罪だよ」ということが、学校では許される、というのが、

そもそもおかしいのです。社会でダメなものは学校でもダメ。いじめは犯罪です。学校側からは「様子を見ましょう」と言われるかもしれません。しかし、様子を見ているうちに、子どもが死んでしまっては意味がありません。

学校や教育委員会のいじめ認定を待つ必要はありません。すぐに、子どもの安全を守る措置を取るようにしましょう。

いじめが発覚した際に、被害者がさらにいじめに遭うケースが増えています。子どもの生命や精神の安全を守るのが最優先です。同時に保護者の責任として、警察への通報も視野に入れます。

いじめかもしれない、と思ったときは、相談できる窓口に相談してみるのがよいでしょう。警察のほかにも、文部科学省が設置した「24時間いじめ相談ダイヤル」、全国の法務局が設置している「子どもの人権110番」などがあります。

昔のいじめと違い、現代のいじめは、悪質・陰湿・巧妙です。おとなに見つからないように、見つかっても言い逃れができるように、明白な証拠を残さないようにしています。

いじめられる側は、いじめられること自体を恥ずかしいことだと思い、親や先生に相談しにくい状況です。おとなである私たちは、現代のいじめの実態をよく知っておいて対策を考えなくてはいけませんね。

いじめられている子どもを守ること、それは、いじめている加害生徒・児童の悪を止めるということでもあります。

学校でのいじめから、自分たちの子どもを守りましょう。

そうして、私たち親が、子どもたちを守るのだということを改めて確認しましょう。

私たちは、自分の子どもを守る、という思いはみんな持っています。でも、それを行動に移していないかもしれません。そうですね、「大切に思う」と「大切にする」が違っているのと同じです。

「大切なものを大切にする」、そのための行動の第一歩として、この本を読んでいる、と位置づけてみてください。

次の章では、私たち親が、子どもたちに伝えたいメッセージを伝えるために、どうしていったらいいかについてお話ししましょう。

第3章

子どもの判断力は「親の話し方」でガラリと変わる

言うことを聞かない・伝わらないのにはワケがある

1

素直に言うことが聞けないワケ

思春期のコミュニケーションで気をつけること

第1章では、子どもたちにとって大切な「判断する力」って、そもそも何なのか、判断するって、どういうことなのかというお話をしました。第2章では、子どもたちの身の安全を守るために、大切なこと、知っておきたいことをお伝えしました。

さあ、この大切なことを、子どもたちに伝えていきたいわけですが、それが、なかなか簡単ではありません。この大切な話を伝えたい子どもたちが、まさしく「思春期」にいるからなんですね。思春期とはおおよそ10歳になった頃から17～

18歳くらいまでです。フツウの会話でさえ、できにくい年頃です。大切な話をきちんと伝えるためには、どうしたらいいのでしょう。

途方に暮れそうですね。でも大丈夫、思春期のコミュニケーションの特徴と対策を、これから分かりやすく解説していきますよ。

思春期になると、子どもとの会話がなかなかスムーズにいかないと言われています。

それには、二つの理由があります。

ひとつは、子どもが成長しているスピードに、親がついていっていないということです。

子どもはどんどん変化していますが、ほとんどのおとなはそれと同じようには変化していません。おとなでもどんどん変化している人もいますが、数は少ないです。

子どもはいつまでも子ども、と思いたい私たちおとなと、子どもではなくなっている、でもまだおとなではない子どもとの関係性は、常に変化しています。その変化に対応しきれないというのが、会話がスムーズに運ばない理由です。

もうひとつは、**子ども自身が自分の内面をよく分かっていない、そして表現できない**からです。

ほめられても単純に嬉しい、ではなく、なんとなく悔しかったり、します。小さい子どものときとは違う、複雑な感覚や感情を自分でも把握できず、表現もできません。その、モヤモヤした感じ、すっきりしないイヤな感覚を常に感じているのが思春期と言えます。

スムーズに話せないのは、そういう子ども自身の内面の問題でもあるのです。

そんな思春期独特のコミュニケーションの難しさを超えて、伝えるべきことを伝えなくてはならないときが、あります。

今までお話ししてきたように、生命と犯罪に関わるようなとき、そしてそこまでいかなくても、子どもにとって「危機」といえる状況になったとき、「思春期だから会話ができないんだよね」で済まないときが、一度や二度はあります。

そのときに、どう対応するのか、私たちおとなの本気度が問われます。

私も今までの子育ての中で、三人の子どもたちそれぞれに、「ここ！」というときがありました。幸いにも心理学の勉強とコミュニケーションのトレーニングを重ねていたので、「ここ！」のタイミングを見逃さず、活かすことができました。

この章では、少し難しくなってきた年代の子どもとのコミュニケーションの特徴と、その対処法をいくつか、交流分析とＮＬＰ心理学とを組み合わせてお伝えしましょう。役立てていただければ幸いです。

思春期の子どもたちと会話をするときに、特に気をつけなくてはいけないことがあります。それは、**子どもは自分の子どもではあるけれども、自分のものではない**、ということをよくよく肝に銘じておくことです。

子どもは自分のもの、所有物だと無意識に思っていること、けっこう多いんですよ。

あら、私は子どもが自分の所有物だなんて、思ったことありません！

そう思いますか？　でも、無意識のことですからね。

ちょっと、確かめてみましょう。

問1 子どものことを、ほかのお母さんにほめられました。なんと返事をしますか？

❶そうなんです、最近よく頑張っているんですよ。

❷いえいえ、たいしたことないんです、まぐれですよ。

どちらに近いですか？

どちらがよくて、どちらが悪い、という判断は一時保留にしてください。そして、正解はどちら、とか考えずに、自分だったらどちらで答えるほうが多いかな、と見てみてくださいね。

❷と答える人は、意外に多いと思います。特に日本人は、身内をほめられると謙遜《けんそん》するのが美徳と感じる人が多いようです。

それでは、これはどうでしょう？

問2　子どもにお手伝いを頼んでいたのに、やっていません。どうしますか？

❶するのを忘れていたのかも、と思って、確認し、もう一度頼む。
❷していないのなら、もういい、と思って、黙って代わりにする。
❸どうして、してないの？　と、怒る。

どれに近いですか？

❶のほうに近いな、と思った方は、子どもを自分とは別の人間として認識している可能性が高いです。

❷か❸のほうに近い反応をする、と思った方、安心してください、お母さんらしい反応です。

状況によっても、反応が違うかもしれません。精神的に余裕のある状態なら、❶の反応をする人も、イライラしていたり、時間がなかったり、疲れたりしているときには、❷や❸になるかもしれませんね。

子ども扱いはNG。「他人に言うように言う」でうまくいく

少し説明をしましょう。

子どもというのは、もともとお母さんのお腹の中で、お母さんの一部として存在を始めます。お母さんが摂取した栄養を使い、お母さんの中に包まれて、赤ちゃんとなるべく成長します。

赤ちゃんとして生まれてからも当分はひとりでは生存すらできません。お母さんは、わが子をまるで自分の一部のように、親身につきっきりで世話します。

子どもはやがて成長し、肉体的にも精神的にも自立していきはじめます。それでもまだまだ、保護してあげなくては生きていけません。5年、10年、15年と、長い時間をかけて、子どもは大きくなっていきます。

身体が大きくなり、自我が確立されてきますが、15年たってもまだ、親の経済的な保護のもとにいることがほとんどです。

このどこかの時点で、子どもは、「自分とお母さんは、別の存在だ」と認識するのです。**これは、子どもにとっては、「切り離し体験」「分離体験」として、自我の確立のために必須のことです**。

ところが、お母さんのほうは、「子どもはいつまでも子ども」、と思っていることが多いのです。

愛情深いお母さんの中には、子どもの自立がまるで、「お母さんは、もういらない」と言われているかのように感じられて、つらい気持ちになることもあるでしょう。

子どもが自立して巣立っていったあと、「空《から》の巣症候群」という鬱《うつ》状態に陥るケースもあります。（現代ではお母さん以上に愛情をかけて子どもに関わるお父さんも多いですから、お母さんに限らないかもしれませんね。）

理想を言えば、子どもが自立していくのに合わせて、お母さんももう一度、自立していくのが、望ましいです。

お母さんの自立、というのは、子どもと自分を切り離して、別の存在だと認識し、ひとりの人間として扱う、ということです。

先ほど、子どもの成長について説明をしたのは、お母さんが自分の子どもを自分のものとして認識するのは当然のことだと言いたかったからです。

そうでないと子どもを育てることができないからです。まるで一体のものであるかのように、感情も感覚もシンクロし、子どものつらさを自分がつらいかのように感じる力があるから、子どもをほったらかしにせずに育てることができるのです。それくらいの、強い結びつきがある、ということです。

子どもが小さい頃にはあんなに役立ったその結びつきの力が、思春期のコミュニケーションには、効果的に働かない原因になっているのです。どうしたらいいでしょうか。

子どもを、ひとりの人間として扱う、ということを考えてみましょう。相手が、自分の子どもでなく、ひとりの人だとしたら、どうするかな？　と考えてみるのです。

先ほどの問い、質問を少し変えてみますよ。

問1 友人のことを、他の友人がほめています。なんと返事をしますか?

❶そうですね、最近よくがんばってますよね。

❷たいしたことないです、まぐれですよ。

おとな同士なら、❶のように、「そうそう」とあいづちを打って返事をするところだと思います。❷のように、友人のことを「たいしたことない、まぐれだ」と言うのは、違和感がありますね。友人にも、それをほめている友人にも、失礼な感じがします。

自分の子どものことをほめられたら、「たいしたことない」って言うのが、いけないわけではありません。でも、子ども本人が聞いたら、がっかりするかもしれませんね。

問2 同僚に仕事を頼んでいたのに、やっていません。どうしますか?

❶するのを忘れていたのかも、と思って、確認し、もう一度頼む。
❷していいのなら、もういいと思って、黙って代わりにする。
❸どうして、してないの？　と、怒る。

職場だったらどうでしょうか。相手に、するのを忘れてないか、確認しますよね？

確認もせずに、黙って代わりにやったり、いきなり怒って「どうして、してないの？」と聞いたりは、しないと思います。険悪な雰囲気になりますからね。

自我の目覚めはじめた思春期の子どもが、親の言うことを素直に聞けないのは、実はこんなワケがあったんです。

ひとりの人間として当然払われるべき礼儀、配慮が欠けているからです。**親から「子ども扱い」されることへの反発心、支配されたくない心が働く**んですね。

他人にはできる配慮や、心配りを、自分の子どもにもしたほうがいい、ということです。他人にはしない、失礼なことやがっかりさせる言葉を、自分の子どもにもしないほうがいい、ということです。

もちろん、できるときとできないときがあるとは思います。先述したように、余裕のないときは、できにくいかもしれません。でも、ちょっと心がけるだけで、ずいぶん違うんですよ。

合い言葉は、「他人に言うように、言う」です。

2　分かっているけどできないワケ

「できる自分」をつくるイメージトレーニング

この節では、どうしたら子どもの行動を変化させることができるか、ということについて、お話ししていきましょう。

「命」に関わること、「犯罪」につながるかもしれないとき、そういう緊急で重大な局面で、私たちおとなが子どもの行動を変化させることができないというのは、大変なことです。緊急でも重大でもない今、予習をしておくのがいいですね。

どうしたら行動を変えることができ、どういうときに変えられないのか、NLP心理学ではすでに研究されています。お伝えしましょう。

「分かってるんだけど、できない」ことって、よくあります。

これは、アタマでは理解できていることが、身体や心では、理解できていないということです。

本番で緊張して実力が発揮できない、ってよくありますね。

スポーツでも、演劇でも、何か発表するとき、試合のとき、試験のとき、緊張して心臓がドキドキします。脈拍が上がって、身体が硬くなります。視野も狭まり、聞こえてくるべき音も聞こえなくなってしまいます。「あがっている」状態です。

自分があがっている、と気づくと、落ち着かなきゃ、いつも通りにしなきゃと思っても、もはや自分の力だけではできなくなってしまっていますね。どうしたら、いいのでしょうか。

「ぶっつけ本番」って言葉、聞いたことがありますか？　テストやリハーサルをしないまま本番の番組、演技、演奏をすることです。

かつては、どうせ緊張するんだから、ぶっつけ本番でやってうまくいくほうがいい、ぶっつけ本番でできる人が実力があると思われていました。

しかし今では、プロやトップアスリートがイメージトレーニングやリハーサルをしないで本番に臨むことはまれです。それをしたほうが、安定して実力が発揮できることが実証されてきたからです。

練習でできている以上の、**最高のパフォーマンスを本番でやるためには、リハーサルが効果的だ**ということが分かってきました。

リハーサルとは、実際にやるときと同じように、実際に身体を動かしてみる、動かしながら、不都合な点はないか、どういう動線で動くのがいいのか、どれくらいの時間がかかるのかを身体にしみこませます。

イメージトレーニングも同じです。イメージしながら身体の動き、感覚、心の状態を味わいます。まず最初に自分はどこにいて、そのときに見えるものは何で、周りにはどんな人たちがいて、どんな音が聞こえていて、どの筋肉をどのように動かして、そのときにどんな動きになっているのか、事細かくイメージします。五感を有効に働かせて、うまくいっているイメージを身体全体にしみこませます。

同時に、心のアンカリング（条件づけ）も行います。ワクワクしたり、嬉しくなったり、あるいは、まったく波立たずに澄みきった湖のような心境や、期待感や満足感、どんなふうに、感情が変化していくのかも、イメージしていきます。そして、最高の状態を強く強くアンカリングしていくのです。

人間は、今まで経験したことがないことに対して、不安やおそれの気持ちを感じます。たとえその経験が、どんなに望ましい経験でも、です。だから、リハーサルしておくことが有効です。

リハーサルをすることで、**脳の中で「今までに経験したこと」に変換できていますから、変化に対する不安、おそれがなくなっていく**んですね。

この、リハーサルで有効な**「アタマで分かっていることを身体と心にもしみこませる」ということが、実際に行動に変化を生み出すために使える**んです。

ダラダラしないで自分から勉強してくれる方法

たとえば、子どもが試験のために、毎日夕食のあとにすぐ勉強に取りかかろうと思っているとします。思ってるだけで、なかなか実行できません。よくありますね。

実際の行動を観察してみましょう。

夕食が終わると同時にスマホを見て、メールやラインをチェックする。いえ、食事中も、チェックしながらでしたね。

そのあと、流れでちょっとゲームをしてしまいます。モバゲーですかね。

お風呂よ、と言われるまで何となくダラダラして、お風呂に入って、喉《のど》も渇くので冷蔵庫の前に立って、飲み物を探し、飲んでいます。

お、やっと勉強部屋へ入りました。軽く一時間は経過しています。

どこに変化をつくるとよさそうですか？

変化をつくりやすいのは、動作を変えやすいところ、です。

この場合だったら、夕食を食べ終わって、箸《はし》を置くところでしょうか。

箸を置いたらそのまま立ち上がって、勉強部屋に入るのが最短です。

でも、ちょっと待って。そのためには、夕食前にスマホをチェックし終わったら、手の届かないところへ置くというステップが必要になってきそうですね。

リハーサルですよ（と思ってやるのがコツ）！

まず、どこにいるか？　リビングのソファかな。くつろいでいますね。

お母さんの、ご飯よ、の声を聞く。（はーい、と返事をする）

スマホのメール・ラインチェックを済ませる。（ずっと見てたから知ってるけど、最終チェック、オッケー）

音が鳴らないように、マナーモードに切り替える。

（勉強が済むまで、ちょっとお休み）

スマホを置く。

（お母さんがもう一度呼んでる、はいはい、と答える）

立ち上がって、ダイニングテーブルに移動する、椅子を引き寄せて座る。

いただきます、ご飯を美味《おい》しく食べる、食べ終わる。

ごちそうさま。

箸と茶碗をテーブルに置く。立ち上がりながら、すぐリビングのドアを見る、そのままリビングのドアへ歩く、よそ見しない、ドアを開ける、手は右手？　ドアを出る、勉強部屋までの廊下を歩く、勉強部屋のドアを開ける、電気をつけながら入る、ドアを閉める、勉強机を見る、椅子に座る。


これでいける、と思えるまで、シミュレーションします。実際に身体を動かして、スマホをどこに置くか、全体でどれくらい時間がかかるか、視線をどう移動させれば最短で動けるか、やってみます。

とくに気をつけるところは、箸を置いてリビングを出るところまでです。この部分、最速で動けるように気をつけます。視線は必ず、次に行く先を見ます。

どうでしょうか。行動に変化が起こりそうですね。

え、ここまでやるの？

そうです、ここまでやりましょう。それくらい、**人間の惰性って強い**んですよ。**不登校の子どもさんの支援をするときにも、有効なんですよ。どちらの手で玄関のドアを開けて、どちらの足から踏み出すかまで、やります。**

面倒くさいかもしれませんが、誰にでもできることです。確実にできます。確実に、行動が変わります。あなたの憧れる、あのトップアスリートもやっています。

箸を置いて、席を立つ、リビングのドアに視線を移す、最速で移動します！

さあ、リハーサルです！

3 「過ぎ」たら、子どもに伝わらない

「やりすぎ」に注意

子どもが子どもでいるうちに、「これは大切だ」と思うことを伝えておきたい、私たちおとなは、そう願っています。でも、なかなか上手に伝えることができません。前節では、どうしたら行動を変えられるのか、行動に変化を起こす仕組みをお伝えしました。

子どもたちの行動がなかなか変わらないなあ、というときに、**やみくもに怒るのではなくて、仕組みを知って教えられたら、伝わりやすい**ですよね。

この節では、「過ぎ」たら、ダメというお話をしようと思います。

「過ぎ」って、なんでしょうか？

食べ過ぎ、飲み過ぎ、遊び過ぎ、太り過ぎ……あまりイメージよくないですね。

道を歩くときだって、あんまり端のほうに寄り過ぎないようにしていますよね。

「道から外れる」って、言葉もあります。

第1章では、「決まりを守ろうと思い過ぎないように」とか、「守らせようとし過ぎないように」というお話をしてきましたね。それは、なぜかというと、「決まりを守る」ということにとらわれてしまって、本来の目的を見失うことが多いからでした。

実は、**「過ぎる」と、伝わりにくくなる**んです。

人に何か伝えようとするときに、それが大切なことであればあるほど、ついつい言い「過ぎ」てしまうことがあります。伝えるときに必要な冷静さ、客観性を持って伝えようとすること、それを忘れるほど熱心すぎ、必死すぎては、ダメです。でも、あまりにも冷静で、まったく感情を含まない事務的な言い方でも、相手の心に響きません。

絶対にしなくてはいけないと押さえすぎると、反発されます。どっちでも好きなようにしたらいいと言うと、冷たく突き放した感じに取られます。

「怒りすぎ」で、子どもは考えない、反省しない

こんな例があります。

Fくん、小学校の5年生です。たんぼや畑のある、ゆったりした田舎で育ったFくんは、マイペース。せっかちなお母さんをよくイライラさせてしまいます。今朝もお母さんは怒ってしまいました。「爆発」したそうです。

どうしたんですか？　学校へはスクールバスで通っているのですが、Fくんの家はそのバス停までもかなり距離があるんです。Fくん、バス停まで自転車をこいでいくんですが、どうしても間に合わないときはお父さんの車に乗せてもらいます。そして、今日も、間に合わない感じだったんですね。

ちゃんと時間に間に合うように起こして、ご飯も食べさせてるんです、とお母さんがおっしゃいます。

それなのに、なんだかグズグズしてて。そしたら、それを見ていたお父さんが怖い顔になったそうです。そのお父さんの顔を見たお母さんの中に、何かスイッチが入ってしまったんですね、Fくんにいきなり大きな声で言いました。

「またグズグズして!!」

「そんなんじゃ間に合わないでしょ!!」

そして、続けて言いました。

「お父さんに乗せてもらうんだったら、自分で頼みなさいよ、お母さんは知らないよ!」

まさに「爆発」、突然の噴火です。

さっきまで機嫌よくしていたお母さんの急変、でも、Fくんはひるまずに言い返します。

「わかっとる!」

新学期早々、イヤな感じでスタートしてしまいました。でも、よくあること。Ｆくんはお母さんに怒られるのには慣れています。**なぜ怒られたんだか、考えもしません。だから行動は変わりません。**

ちょっと、冷静になって、分析してみましょう。

お母さん、明らかに感情的になり過ぎ、怒り過ぎ、大きな声出し過ぎ、ですね。

「また、グズグズして！　そんなんじゃ間に合わないでしょ」で、伝えたかったことは何でしょうか？

伝えるべき情報は、あまりなさそうです。「時間がギリギリだ」くらいでしょうか。

伝わったのは、何でしょうか？

「お母さんが怒っている」ことは、確実に伝わったと思います。

「お父さんに乗せてもらうんだったら、自分で頼みなさいよ、お母さんは知らないよ」

こちらは少し、情報がありますね。「お父さんに車に乗せてもらう依頼は、自分でやってね」。そして、その情報については、Ｆくんは「わかっている」と答えています。

子どもに「言いたいこと」ではなく「伝えたいこと」をチェック

お母さん、どうしたらよかったのでしょうか。見ないふりして黙って放っておくと、時間に間に合わず、結局、お父さんの車に乗せてもらうことになる。今まででもそうだったそうです。

それで、お母さんにはどんな不都合があるんですか？　と聞いてみました。

……帰りに自転車がないから、バス停から歩いて帰ることになるし。

それは、Ｆくんが歩けばいいですよね、お母さんにはどんな不都合があるんですか？

……お父さんが機嫌が悪くなるんです。

なるほど、それは、お母さんにとって避けたいことなんですね。

……はい、そうです、それが一番イヤなことです。

もうひとつ、聞いてみました。

お父さんは、お母さんに対して機嫌が悪くなるわけじゃ、ないんですよね？

……そうです。それに、本当は機嫌悪くなっていないかもしれません。私が勝手に思っているだけかも。

Fくんが帰ってきてから、お母さんは今朝の「爆発」のことを謝りました。

そして、本当に伝えたいことを、フツウの声で伝えました。

Fくんが時間に間に合わないかもしれないと思うと、お母さんは焦るんだけど、それは、お父さんだって出勤前にFくんを送るとなると、段取りが変わってくるからさ、早く言ってあげないと、と思うからなんだよね。
でも、Fくんも、もう自分で分かるし、自分でできるから、お母さんもお節介するの、やめるね。ただ、お願いしたいのは、朝はお父さん、仕事に行く前だってことを忘れないで、頼むときは早めに頼んで、ってこと。分かった?

Fくん、よく分かったと思います。

ポイントは、「相手が理解できる内容」と、「自分の感情」を、バランスよく冷静に客観的に、伝えるという意識を持って、伝えること、です。
感情的になっているときや、逆に冷めすぎて投げやりになっているときは、いったん冷静になって、本当に伝えたいのは何なのかを明確にすることをオススメします。

これで、「過ぎ」を防止することができます。

「過ぎる」とは、どこか一方に偏ったり、何かにとらわれたり、執着したりして、客観的で冷静な判断や行動が取れていないことです。

第1章で学んできたように、思考の枠、「思いこみ」を外し、自由な感覚の中で、「考える」ことが大切です。ニュートラルなポジションを取る、と表現することもできます。

考えが行き詰まったとき、事態が膠着《こうちゃく》したとき、感情が激して収まらないとき、逆に冷めて何もかもどうでもよくなるとき、伝えたいことが伝わらないとき、「過ぎ」ていないかどうか、チェックしてみてくださいね。

4

「足りない」と、また伝わらない

子どもに届かない「会話のボール」投げてませんか

過ぎちゃダメ、足りないとダメ、って、どうすればいいの？　って、思いましたか？

ホントに、コミュニケーションって、めんどくさい。でもそこがおもしろいかもしれません。上手になると、楽しくなってくるんですよ。スポーツみたいですね。

コミュニケーションはよくキャッチボールにたとえられます。

相手が受け取れる、ほどよいところに、ほどよい力で投げてあげることが大切なことですね。前節でお話ししたFくんのお母さんは、力が強すぎてドッジボールみたいでしたね。

そして、意外に多いのが、力が足らずに相手に届かないケースです。

ドッジボールみたいに投げる人は、自分の力が強すぎたことに自覚があります。自覚があれば、直せます。ところが、力が足りない場合は、自分の力が足りてないという自覚はあまり持てません。相手に届いているかどうか確認しないので、いつまでも改善できないのです。

最近、インターネット上で、「つぶやき（ツイート）」というのがあるようですが、リアルな世界での、「つぶやき」が、この「力のないコミュニケーション」です。「ひとりごと」とも言います。力が足りないので、ボールを投げても相手に届かず、そこらに落ちてしまいます。

よく落ちていますよ。たとえば、

「どうしようかな……」とか、
「ヒマなんだけど……」とか、
「私ひとりでやれってことか……」とか。

相手に落ちているボールを拾うだけの力と時間があれば、拾ってもらって会話になりますが、そうでない場合は、ボールは落ちたまま、無視されます。

力が足りないとはいえ、せっかく投げたボールを無視されると、しょんぼり、寂しい気持ちになりますね。ますます自分から投げるエネルギーが失せていく感覚です。

一緒にいる人はどう感じているでしょうか。自分に投げられたボールかどうかも分からないので、困惑しますね。
「どうしてほしい」との明確な中身もないので、どう返していいかも分からず、時間がたってそのままになってしまうことが多いと思います。

耳では聞こえているのに、相手を無視する結果になってしまうので、罪悪感を感じさせられます。そしてその罪悪感を解消するために、イライラしたり怒ったりすることも、あるんですよ。

ただ、思ったことを正直につぶやいただけなのに、いきなり怒られたりしたこと、ありませんか？　または、あなたの身の回りで、そんな状況になっている人、見たことありませんか？

力のないボールは、そこらじゅうに落ちているだけでなく、そんなネガティブな連鎖を起こす原因になるんです。事故の元です。

「どうしようかな」を「どうしてほしいか」に言い換えてみる

力の足りないボールを投げがちな人は、コミュニケーションの主導権を自分が握るという意識が低い人です。

どうなったらいいとか、どうしたいとか、自分の意見を表現せずに相手にまかせてしまいます。

どうしてかというと、責任を取らなくて済むからです。口から出した言葉には、責任が伴いますね。きちんと明確に伝えなければ、責任を取れと言われません。

でもその代わり、相手まかせなので、自分の思い通りにならないことが多いです。自分の思い通りにしてくれない相手や自分の思い通りにならない社会に対して不満が多くなります。

「自分は理解されない」「自分のことを分かろうとしてくれない」という不満でいっぱいです。

なんだか自分がそうだな、と思ったら、改善できます。自分が言ったこと、なんかボール返ってくる率低いぞ？　と思ったら、届いていません。相手に届くボールを投げるようにしたらいいだけです。カンタンですね。

え、どうしたらいいか、教えてほしい？

そうですね、まず相手の名前を呼びましょうか。

「○○さん」と呼んでから、話し始めましょう。その後、自分の状況を説明し、どうしてほしいのか伝える、という順番です。

「どうしようかな……」は、どうなるかというと、

「○○さん」（聞こえてるかどうか、確認してくださいね）
「どうしたらいいか、分からなくて、困ってます」
「教えてください」

これでボールが返ってくる率が上がらなかったら、変でしょう。カンタンですよ。

「ヒマなんだけど……」や「私ひとりで、やれってことか……」も言い換えの練

習してみてくださいね。

自分ではなく、相手がそんな人の場合は、どうしたらいいでしょう。ときどきでいいので「何か、言いましたか?」と聞いてみましょうか。「いえ、別に」と確認できたら、もう罪悪感を持たなくてもいいですから、イライラする必要はなくなります。ボールを相手に返しておいたら、踏んで転ぶこともなくなりますね。

子どもも、よくこの「力ないボール」を投げてきます。どんなふうに投げたら伝わるか、教えてあげてくださいね。**お母さんが見本を見せてあげるといいかもしれません。**少なくとも就職するまでには、できるようになってほしいですね。

親の返事の仕方で子どもは変わる

せっかくだから、力が足りないのではなく、コントロールが悪い場合もお話ししておきましょうか。

コントロールが悪い、というのは、取りにくいところに投げたり、変にひねってあったりして、受け取りにくいということです。皮肉とか、嫌みとか、ひがみとか、っていうひねりです。

力はあるので、届くのですが、受け取るときにイヤな感じがくっついてきます。投げ返すときに、そのイヤな感じを取り除いて投げるのがタイヘンです。

たとえば、こんな感じです。

部活のある日曜日、お母さんはお弁当を作るのをうっかり忘れてしまいました。

「ゴメンね」と謝るお母さんに向かって、中学生の女の子が言います。

「部活あるって言ったのに。
どうせ、私のことなんかどうでもいいと思ってるんだよね」

ああ、イヤな感じですね。むかつきますね。

「だから、お母さんだって謝ってるじゃないの！」
そう、言ってしまいそうですよね。

あなただったら、このボール、どう返しますか？

まず、どんな背景があるのか、見てみましょう。
この中学生の女の子には高校生のお兄ちゃんがいるんです。お母さんはお兄ちゃんには気をつかいます。受験生だからです。お母さんはお父さんにも気をつかいます。お父さんは気むずかしいからです。それと比較すると、女の子には気をつかってないかもしれません。女の子はそのことを不満に思っているのかもしれませんね。

お母さんは、お弁当のことは謝りました。そして、こんなふうに、つけ加えました。

「たしかに、お母さん、あなたのこと意識するのが足りなかったかもしれないね。どうでもいいなんて思ってないけど、これから気をつけるね」

ひねりのあるボールを返すときは、本当に言いたいことは何なのかを見つけるのがポイントです。

「私のことなんか」と言った、女の子の発言の嫌みや皮肉のニュアンスは流して、その背後にある想いを受け取ると、上手に返せますよ。

5

お母さんの判断が、子どもの命綱になる

ここぞというとき、「私が判断した」と言える親になろう

ハンドル、というのは、責任、というふうな意味でしたね。自分が運転している自分の人生のハンドルを、他人まかせにしたらどうなるか、今までいろいろお話ししてきました。

コミュニケーションをとるうえで、自分が今ハンドルを持っているか、手を離しているかを意識するようにしてみませんか？

そんなに難しいことでも、ないんですよ。どんないきさつであれ、「私が判断した」と最後にはハンドルを持っている、責任を取っているってことです。

たくさんの人がそう言っているからとか、自分よりも知識や経験のある人の言うことだからとか、恩のある人が勧めてくれたからとか、どんな理由にしろ、それをするとかしないとかを、「私が、判断した」と言えるかどうか、です。

考えるうえでの判断基準として、多数決とか、偉い人の言うことだからとか、義理があるからということを、使っていいです。それを判断基準として、「私が判断した」かどうか、です。

何が正解か分からないとき、どうしたらいいか分からないとき、それでも前に進まなくてはいけないときがありますね。そのときに、「私が、判断した」と言うのは、とても勇気がいります。誰かに判断してもらいたい、責任をうやむやにしたい、誰かのせいにしたい、という気持ちは、自然なことだと思います。

しかし、どうしても、どうしても、自分が責任を取らなくてはいけないときが、きます。子育ての中で、必ずくるのです。

子育てをするのは、なぜでしょうか。

子どもができたから。子どもが好きだから。親に言われたから。命をつなぐため。愛する人との間に子孫を残したいから。家族がほしいから。するのがフツウだから。しかたないから。

どんな理由でも、いいです。どの理由でもいいのです。子どもを育てると、「私が、判断した」、そこだけは、ハンドルを握っていてほしいのです。

子どもが何の問題もなく育っているとき、家族が順調なとき、そんなときは、あまり意識しないでかまいません。

でも、
子どもが問題を起こしたとき、
道に外れたことをしでかしたとき、
うまくいかないとき、
何か苦難がやってきたとき、

家族がバラバラになりそうなとき、
「こんな子、私の子じゃない！」と思うとき、
自分で自分に問いかけると思います。
なぜ、子どもを育ててるんだろうか、と。

そのときに、
「私が、この子どもを育てる、と判断した」ということを思い出してほしいのです。
ハンドルから手を離さないでほしいのです。
なぜなら、お母さんのその手が、
子どもの命綱になっているからです。

子どもは子どもですから、判断も未熟です。
失敗もするでしょう。
でも、

お母さんが、見捨てない限り、その子は大丈夫です。
周り中がその子を非難しても、その子は立ち直れます。
お母さんだけは、その子の味方でいつづけてほしいと思います。

第4章

「やめたいのに、やめられない」から脱け出す方法

知らずに判断力を低下させていた「心の習慣」

1 子どもの考える力をダメにする「はい、でもゲーム」

こんな「親子の会話」で、判断力が育たない!?

子どもの代わりに、親が考えてあげる。その習慣が子どもの判断力を育むのに障害となっているケースをお話ししましょう。そのひとつが「ゲーム」と言われる会話パターンに代表されるものです。

「ゲーム」と言っても、ここで言う「ゲーム」は、まったく楽しくありません。カナダの精神科医E・バーン博士が考えた「交流分析」の中で使う用語です。「交流」とは、カンタンに言うと、コミュニケーションのこと。人と人との間で交わされるコミュニケーションのパターンを分析したのが、「交流分析」です。

不毛で生産的でないコミュニケーションの型を分類して、それから脱することに役立ちます。そうすることによって、ダラダラと無駄に時間を使うのを止めることができるだけでなく、交流している人たちの関係性が悪化することを防ぐことができるんですよ。

そして、生産的な、中身のある、愛のある、コミュニケーションに変えていけます。新しい理論ではありませんし、ちょっと難解なところもありますが、ぜひ皆さんにもその仕組みをお伝えします。あ、大丈夫ですよ、理論は覚えなくていいです。カンタンにかみ砕いてお伝えしますからね。役立てていただけると思います。

「はい、でもゲーム」って聞いたことありますか？　聞いたことはなくても、やったことはあるかもしれません。

思春期以降の子どもと親との間で、よくこの「はい、でもゲーム」に陥りがちです。とくに面倒見のいいお母さんと、依存心の強い子どもとの間で、よく起こります。親子の間だけではありません。上司と部下、夫と妻、親しい友人同士の間でも、起こるんですよ。

コミュニケーションに時間やエネルギーをかけている割に、その内容が薄く、生産性がなく、疲れたり不愉快になったりして、いつも同じパターンになってしまうのが特徴です。

知っていれば抜け出せますから、ここではその原理と抜け出し方をお伝えしますね。

「はい、でもゲーム」、たとえば、こんな感じの会話です。

子「あ〜あ、今日もキツかった〜〜」
母「お疲れさま、遅くまで部活タイヘンだったね」
子「1年生だからって雑用ばっかり押しつけられてさ、こんな遅くなるし。もうイヤだ」

母「よく頑張ってるじゃない、もう少ししたら慣れてくるんじゃない？」
子「うん、でも、慣れるまで身体がもたないかも」
母「まだ始めたばかりだし、もう少し経験すれば要領よくできるようになるよ」
子「うん、でも毎日怒られてばかりで、ちっともうまくならないし……」
母「先輩に言って、少し助けてもらったら？」
子「うん、そうしたいんだけど、先輩もみんな自分のことで精一杯でね……」
母「3年生の部長さんに相談してみたらいいんじゃない？」
子「うん、でも、部長だって自分の練習もあるし、とても1年の言うことなんて聞いてくれないよ」
母「それなら、監督さんと話してみるとか」
子「うん、でも、ツマラナイこと言ってくるなって怒られそう……」
母「……」
子「……」

仲良し親子の「共依存」が、子どもの自立心を奪う危険

この会話、ちょっと整理してみましょう。

テーマは、子どもの部活のこと。慣れない雑用が多い、相談相手もなく、技術も上手にならない。どうにかしたいけど、どうにもできない、という話題です。

子どもの相談に、お母さんがアドバイスをしている、というフツウの会話に見えますね。

でも、もう少し深く分析してみましょう。

見えてくるのは、**子どもの問題なのに、解決策を考えているのはお母さんだ**ということです。

お母さんがいろいろな解決策を提案するのに対し、子どもは「はい」と受け取っているように見えて、「でも」とその解決策を否定するようなことを言います。

これをぐるぐる繰り返しているうちに、お母さんの中に、イヤな感覚が生まれて

きます。

それは、提案をすべて否定されていく無力感、会話に実りがない空しさです。

でも、どうして、お母さんはこんなに一生懸命、解決策を考えようとするのでしょうか。

それは、お母さんに「弱み」があるからです。

どんな「弱み」がありそうですか？

そう、お母さんは、子どもに部活をやめてほしくないのです。

だから、なんとかして部活を続けられるような提案をし続けるのです。そして、子どもはそれを否定し続けるのです。

この親子はきっと仲が良くて、コミュニケーションを取る機会も多かったでしょう。そして、この会話のパターンから見ると、今までずっと、この「はい、でもゲーム」をしてきたと思われます。**勉強、進学、友達関係など、子どもの問題を、お母さんが代わりに考えてきた**のでしょうね。

この日の会話はこれで終わりましたが、何日かごとに繰り返されるのが「ゲーム」です。イヤな感じがするうえに、何の実りもないこの「ゲーム」、どうしていつも、いつまでも、やってしまうのでしょうか。

それは、慣れ親しんでいるからです。前に、人間は新しいことには不安を感じる、とお伝えしましたね。

子どもが相談を持ちかける、母が相談に乗ってアドバイスする、その慣れ親しんだ関係が、安定感・安心感があるからです。

前向きな話にならない、不毛な会話を続けることで、お互いの存在を確認することができます。

テーマはそのときどきで変わりますが、関係性は変わりません。いつも問題を持ってくるのは子ども、解決しようと考えるのはお母さんです。そして、子どもはお母さんの提案を拒否するにしろ、しぶしぶ提案に乗るにしろ、自分で責任を取るということから逃れ続けます。

お母さんは、子どもの役に立つという役割を果たし続けられます。**お互いにお互いの存在を必要としている共依存《きょういぞん》の状態です。**

この関係性のまま、子どもが成人していくと、どうなるか。

いつまでも家に寄生するパラサイト状態になることも多いです。たとえ結婚したとしても、この関係性を引きずったままでは、新しい家族との健全な関係を築くのは難しいです。

子どもの問題を親が解決しようとしないでください

あらあら、どうにかしないといけません。

こんなふうに、「ねえ、どうしたらいい？」と子どもに聞かれたときに、やすやすとアドバイスをしないように、もっと小さい頃から気をつけておかなくてはいけませんね。

「ねえ、どうしたらいい？」と聞かれたら、なんと答えるんでしたっけ？

そうです、**「どうしたらいいと思うの？」**

そう聞き返してあげてください。そうして、**子どもが自分で考えられるように、自分で答えられるように、促してあげる**んでしたね。

自分の問題を自分で考えられるようにしておく。それって、小さい頃からのちょっとしたコミュニケーションの習慣で、できることなんですよ。

「はい、でもゲーム」を長く続けている人、子どもがすでに成人して長くたつ人は、会話だけでなく、生活のいろいろなところで依存関係を作っているかもしれません。

子どもが健全に自立していくために、ひとつひとつ、たとえば経済的な面はどうかとか、見直していくことが必要かもしれませんね。自分たちだけでは難しい場合も多いですので、専門家に相談してみることもオススメします。

2

ネット、ゲーム…「依存症」にならないコツ

判断力を低下させる「心の症状」

常習性のあるもの、お酒やタバコ、クスリ、カフェイン、ゲーム、ギャンブル、携帯電話、インターネットもそうですね。○○依存症と呼ばれるものが、大量に簡単に手に入るのが現代です。

使っているすべての人が依存症になるわけではないのですが、使い方を間違えると、人生で大切なものを失ってしまうことになりかねません。

人生で大切なもの、仕事、勤勉な生活、健康、お金、人とのつながり、信頼、時間……。

それを失ってしまうくらい、依存してしまうのはなぜでしょうか？

それは、カンタンに言ってしまえば、**愛や承認が不足しているから**、です。

愛や承認の不足は、寂しさや空しさ、何か物足りない感覚として感じられます。

それを手っ取り早く埋めるものとして、お酒やクスリを使うのです。手っ取り早く埋める、と言いましたが、実際には「紛らわす」「ごまかす」ことしかできません。愛や承認の代わりにはならない、のです。

これらの特徴は、「考えないようにする」ことです。今までお話ししてきた「判断力」をストップさせることによって、愛や承認が足りないという事実を感じないようにさせる働きがあるのです。しかし事実を感じないわけですから、具体的に対策を打てず、結果としてますます愛や承認を失います。そして、ますます依存する、というわけです。

ここから脱却するためには、ごまかさずに「判断する」という立場から降りない、という強い意志が必要です。

そして、子どもたちが社会に出ていく中で、それら常習性のあるもの、依存症になる危険性のあるものとのつきあい方を、どう教えていったらいいのでしょうか。

言い換えれば、寂しいなと感じたときに、どうふるまえばいいのかということになります。寂しさを感じることがダメなこと、弱いことと捉えると、何かでごまかそうとしますね。寂しかったり、物足りなかったりするときに、どうするか「判断できる」ように、なっていってほしいものです。

ゲーム依存からの脱け出し方

大学生になって、ひとり暮らしを始めたとたん、ネットゲームにはまり、昼夜逆転。親のカードで借金してタイヘンなことになったHくん、大学は留年を続けたあげく、中退してしまいました。

借金は親が肩代わりして、今はまじめに働いていますが、どうしてそんなことになったのか、聞いてみました。

まず、受験勉強のストレスからの解放感が大きかった、と言います。もう何をしてもいいんだ、しなくてはいけないことがない、その解放感から始まったようです。

ひとり暮らしで何時まで起きていても誰にも文句を言われない、じゃまされない、ご飯を作る時間も惜しくてゲームをしていたそうです。

一晩中やって、朝がきて、また暗くなって、眠いのかどうかも分からないくらい、お腹が空くのも感じなくなっていたそうです。

そうなると、したくてしてるのか、やめられないからしてるのかも、分からない、マウスを持つ手が自分の手のように感じない、幽体離脱して身体の外から自分を見ているような幻覚が見えても、やめることができなかったそうです。

本当に倒れるまで、ゲームをし続けた。「自分ではなかった」と言っています。

彼が言っているように、楽しいからする、したいからする、というよりも、「やめられない」というのが本当でしょう。

Hくんのように、ゲームに人格まで乗っ取られないようにするためには、どこに注意すればいいのでしょうか。「何時までする」「何時間する」のような自律的な決めごとでは、もはや、やめられない場合、です。

Hくん以外の、ネットゲーム依存の人からも聞き取りをしたところ、共通するのは、「何日もひとりでいる」「自分が行かなくてはいけない用事がない」ということでした。

大学に入って、新しい人間関係の中で、HくんをHくんとして認識してくれる人もいない。それよりも、部屋でひとりでいるほうが、楽ですよね。大学の授業はあるけど、自分が行っても行かなくても、誰も気にしてくれることもない、そんな状況です。

これは、心理学の用語で言う、「ストローク不足」という状態です。自分がいてもいなくても、誰にも影響しない、**自分の存在を誰にも認めてもらえない、という「愛情の飢餓《きが》」状態なのです**。この状態のとき、人は自分の人格のハンドルを、明け渡してしまうということです。

原因が分かれば、手は打てます。

❶ひとりぼっちにならない

❷誰かと会う約束をする

人間は、寂しさに弱い生き物です。寂しくなりすぎると、変なことをします。依存症にならないためには、誰かに頼ることが必要なんですね。

人の力を借りることは、恥ずかしいことじゃありません。自立して生きていくためには、お互いに手を貸し合って協力することが必要なんですね。

たったひとりで生きていけるほど、人間は強くないのです。それをよく知っておいて、対策を打つのが、依存症に陥らないコツのようです。

3

「ズルをする」という習慣をやめる方法

カンニングが「習慣」になっている子の心理と解決策

人生の中で、成功し幸せに暮らすために身につけておきたい習慣の中に、「勤勉に努力する習慣」というのがあります。

「習慣」ですから、すごく頑張って、無理して「勤勉に努力する」のではないです。息を吸うように、当たり前のように、「勤勉に努力する」んですね。

それとまったく反対の習慣が、「ズルをする」「サボる」習慣です。そんな習慣、身につけたくありませんよね。ところが、わざわざ身につけることがあるんです。どういうことでしょうか？

常習的にカンニングをする子どもがいます。
えっ、そんなばかな？　と思いますか？
それとも、そりゃそうだろう、と思いますか？

私は以前、大学受験の模試の採点の仕事をしていたことがあります。この模試の成績を基《もと》にして、受験する大学を決める、大切な試験です。大手の予備校が全国規模で行っています。進路が決まるこの大切な、真剣勝負の模試であっても、カンニングをする子どもがいるんです。

模試でカンニングしていい点を取って、いったいどんな役に立つと思いますか？　実力を計るべき模試で、実力ではない、いい点を取っても、実際の受験には何の役にも立ちません。なぜわざわざカンニングをするのでしょうか。

それは、カンニングをすることが、小さい頃からの習慣になっているからです。

カンニングというのは、試験における不正行為ですが、元々の英語の意味は「ズル」です。

なぜズルをするのか。それはまっとうな努力をせずに結果を出したいからですね。その気持ちは、人間だったら皆少しはあると思います。でも、それが習慣にまでなってしまうのは、防がなくてはいけません。

カンニングが習慣になってしまっている、そんな子どもたちは、いつもどうやってズルをするか、どうやってカンニングを成功させるかばかり考えています。そんなことを考えるより、まっとうに勉強したほうがよさそうですが、そうしません。

そして、見つからないか**いつも不安を抱えています**。悪いことをしているという自覚は持っていますから、意識の深いところには、罪悪感ももちろんあります。その**罪悪感が、成功を阻む**ことがあるというのは、第1章でお話ししたとおりです。

それだけではないんですよ。

自分の正確な実力が分からないために、自信を持つことができません。

さらに、まっとうな努力をしてきた人や本当の実力がある人には敵わないという引け目を持って、ずっとずっと生きなければいけません。

そんなことが、アタマでは、理性では、分からないわけがないのに、どうしてもカンニングをしたほうが得なような気がするんです。

正当な努力をせずに何かを手に入れることが、得したような気分になるんです。

子どもたちは、長いスパンで物事を考えることが苦手です。

今イヤなこと（勉強するとか、努力するとか）を避けられれば、それでいいと考えます。あとでもっとイヤなことに直面することになるとは、考えられないのです。

では、私たち親はどうしたらいいのでしょうか？

そうですね、たとえばテストが１００点だという結果よりも、**結果を得るために努力したことに注目してあげましょう。**

その努力は、今ここで１００点取ることよりも、何倍も価値があるものです。だから、１００点じゃなくても、ほめてくださいね。努力する姿勢をほめてあげてください。

お母さんにほめられることで、結果だけでなくプロセスや動機が大切なんだと、子どもたちは理解していきます。

長い長い人生の中で、**「今、楽だから」「今、サボれるから」という短絡的で刹那的な考え方ではなく、真に価値のあることは何かを考える**ことのできる子どもに育てたいですね。

私たち親も、より価値のあることは何か、子どもたちと一緒に考えていけるような、柔軟なアタマと心とを持っていたいものです。

4 「またやってしまった!」ときの心の支え方

また学校に行けなくなった…

不登校を克服して、高校に合格したIちゃん、女の子です。

中学校の1年生の終わりくらいから学校に行けなくなって、ツライ日々を送ったと、お母さんが教えてくださいました。

それでも、お母さんはIちゃんに寄り添って、時には一緒に学校に行ったり、図書館で勉強したり、いろいろなことをやって中学3年の2学期から学校へ戻ることができたのです。

そして、第一志望ではなかったけれど高校にも進学して、さあ、もう大丈夫、と思ったときに、Iちゃんは、また不登校になってしまいました。

Iちゃんもツライけど、お母さんの落ち込みようがひどく、お母さんのメンタル相談を受けました。

どんなふうに感じていらっしゃるんですか？　と聞いてみました。

……もう、力が入らなくて、何もかもどうでもいいような感じです。

それは、ツライですね、涙が出てますね。泣いていいんですよ。

……はい。私がしっかりして、Iを支えなくてはと思うんですけど……あんなに、あんなに頑張ったのに、それがまったくダメになって……。

まったくダメになったのですか？

……いえ、まったくダメではないんです、高校に入れましたし。でも、あんなに頑張ったのにと思うと……。

本当に頑張りましたよね、お母さんもIちゃんも。

……はい、もう、私、あんなに頑張れない……。

Iちゃんは、中学校のときと同じなんですか？

……いいえ、中学校のときよりもしっかりして、自信もついたし、違うと思います。

どんなふうにしっかりしてきたんですか？

……家事を手伝うようになって、それと、お友だちに不登校の子がいるんですけど、その子を家に連れてきたり、……そうお話ししている間に、お母さんの目に力が戻ってきました。

そうなんです、同じことを繰り返したように見えるけれど、決して同じではないんですよ。

失敗を乗り越えるたび成長する

ツライことを乗り越えた経験は、決して無駄にはなりません。

ツライことを乗り越えた子は、力がついています。一見、同じことが起こっているように感じるかもしれないけれど、まったく別のことなんですよ。乗り越え方も、違っていいんです。前よりも楽々と乗り越えられるかもしれません。

不登校や鬱、あるいは万引きやカンニング、喫煙、飲酒などの規則違反は、再発、繰り返して起こることがあります。

せっかく克服したのに、あんなに反省したのに、と思えば思うほど、親として情けなくツライ気持ちになりますね。

もうこの子はダメだ、と見放したくなるかもしれません。自分は無力だと、自分を責めるかもしれません。

でも、同じように見えても、同じじゃないかもしれません。
そして、一度乗り越えられたんだから、また乗り越えられると思いましょう。
周りの人が見放してもいいんです。周りの人にどう思われてもいいんです。
何度失敗しても、いいんです。何度でも、何度でも、乗り越えましょう。
ひとつひとつが、全部違う経験です。全部違う学びになります。
全部、力になるんですよ。そう思って、一緒に乗り越えていきましょう。

おわりに

「やっていいこと・悪いこと」が分かるようになるためには、考える力、判断力が必要だというお話をしてきました。

自分がしたいことがしたいと表現でき、行動できる子どもに育てていく、やっていいこと・悪いことが自分で判断できる子どもに育てていく、そのためには、リスクもあると思います。やってみて初めて分かることも多いからです。

子どもが一人前になるまでの間には、いろいろなことがあります。何事もなく順調に育つ子ばかりではありません。

病気やケガや事故はもちろん、友だちとケンカしたり、ものを壊したり、人にケガをさせたり、いじめたりいじめられたり、受験に失敗したり、不登校になったり、非行に走ったり、犯罪を犯して捕まったり、そんなこともあるかもしれません。未然に防げればいいですが、結果としてそうなってしまうことも、やっぱりあります。

子どもがそうなったときに、私たち親は、がっかりしたり、恥ずかしかったり、自分を責めたり、子どもを責めたり、感情的に揺れてしまいます。けれども、そんなときにこそ必要なのが、冷静に判断する力だと、今回改めて感じました。

子どもが何かしでかすと、その子は「悪い子」、その親は「ダメな親」、私たちはそんなふうにとらえがちです。

でも万引きをした子は悪い子、というレッテルを一生貼って生きる必要はありませんね。罪悪感に一生囚《とら》われて生きていく必要もありません。

万引きをすることは「悪いこと」です。それを経験から学んだ子ども、二度と万引きをしないという親との約束を守ろうとする子ども、そんな子どもを力づけ、応援したいです。そのスタンスで子どもを見守りサポートしていけるような親でありたいし、そんな親子を応援していく社会にしたいと心から願っています。

何が悪いのか判断できる、
なぜ悪いのか自分で考えることができる、
そんな子どもに育ってほしい。

自分を大切にし、自分の大切な人を大切にする、
自分の居心地のいい場所を自分で作れる、自分の身を自分で守れる、
そんな子どもに育ってほしい。

自分がしたいことを相手に届くボールを投げて表現できる、
相手の投げたボールを上手に返せる、
そんな子どもに育ってほしい。

そして、勇気を出してチャレンジして

倒れても何度でも立ち上がっていける、
そんな子どもに育ってほしい。

新しい時代の子どもたちは
自分の手にしっかりとハンドルを持って
見たこともない世界の中で
会ったこともない友だちと
やったことのないことをやって、
新しい時代を切り拓いていく。
そんなふうに育っていくに違いない。

著者紹介

田嶋英子 プロコーチ／NLPマスタープラクティショナー。㈱未来クリエイショントレーナー。1961年佐世保市生まれ。広島大学教育学部で教育学と心理学を学び、卒業後は高校教諭として活躍。結婚・出産後は二男一女を東京大学などへの進学サポートに成功。現在は、「出会う人をもれなく成功させる！」をモットーに、子どもの不登校・ニート問題、夫婦関係の改善、婚活・就活など、家族・子育て・職場の人間関係に精通した「お母さんサポートの専門家」としてセミナーやトレーニングを行っている。

※NLPとは、Neuro Linguistic Programming（神経言語プログラミング）の略で、コミュニケーション技法と心理療法を中心につくられた最先端の心理学メソッドです。

「やっていいこと・悪《わる》いこと」がわかる子《こ》の育《そだ》て方《かた》

2015年11月10日　第1刷

著　　者　田《た》嶋《じま》英《えい》子《こ》

発 行 者　小澤源太郎

責任編集　株式会社 プライム涌光

電話　編集部　03(3203)2850

発 行 所　株式会社 青春出版社

東京都新宿区若松町12番1号 〒162-0056

振替番号　00190-7-98602

電話　営業部　03(3207)1916

印　刷　中央精版印刷　　製　本　フォーネット社

ISBN978-4-413-03976-5 C0037